緊急出版

吉田証言は生きている

元赤旗記者
今田真人
Imada Masato

慰安婦狩りを命がけで告発！
初公開の赤旗インタビュー

共栄書房

韓国・済州島の海岸。海に潜る海女らしき人もいた
＝2006年8月16日、著者撮影

山口県の下関港の埠頭。近くに関釜連絡船が発着する同港国際ターミナルや、下関警察署の建物がある
＝2015年1月5日、著者撮影

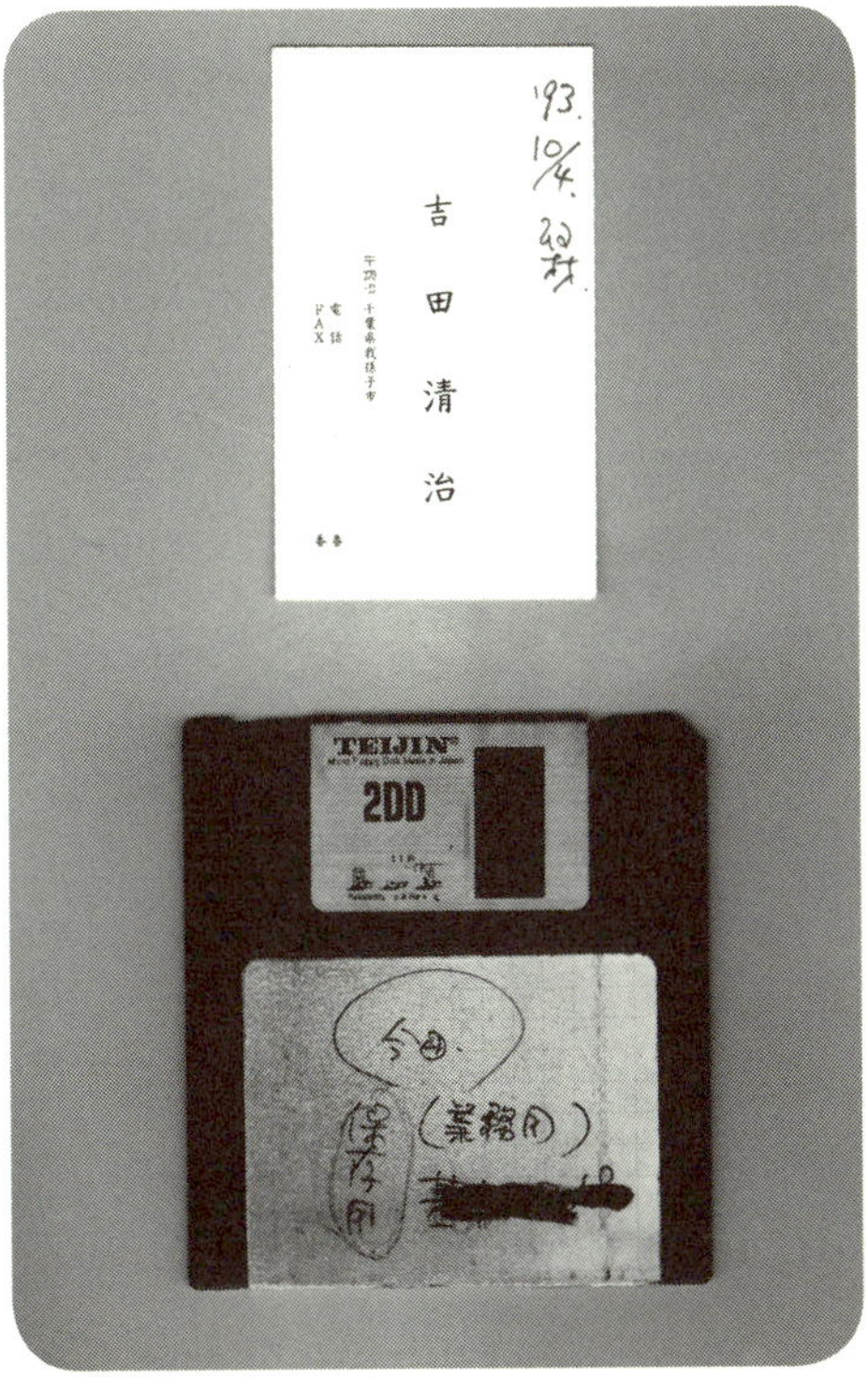

最初の取材で受け取った吉田清治氏の名刺（住所など個人情報は消去）と、インタビューのテープ起こしなどの取材資料が保存されていたフロッピー

はじめに

この本は、戦中の「従軍慰安婦狩り」の加害証言で有名な故・吉田清治氏が、１９９３年10月に「赤旗」の記者であった私のインタビュー取材に答えた記録を収めたものである。

吉田氏には二つの著書、『朝鮮人慰安婦と日本人』（新人物往来社、77年）と『私の戦争犯罪　朝鮮人強制連行』（三一書房、83年）がある。吉田氏はその中で、第二次大戦中、元労務報国会下関支部動員部長として、在日や韓国・済州島の朝鮮人女性を対象におこなった「慰安婦狩り」の体験を記している。

吉田氏は、朝日新聞をはじめ多くの日本のメディアが取り上げ、日本国家による加害の当事者の生き証人として、その証言を何度も大きく報道してきた。

ところが、その吉田氏は、２０１４年8月5、6日付の朝日新聞の検証記事（吉田証言記事の取り消しなど）以来、一転して評価が逆転し、世を挙げて、うそつきよばわりされている。

朝日の検証記事を受けて、日本共産党中央機関紙「しんぶん赤旗」も、同年9月27日付の検証記事で、同じように吉田証言関連記事を取り消している。

その中で、現職の赤旗記者でもない私が、この風潮に異議を唱え、このような取材記録を公表することを不信に思われる方もいるかもしれない。それも承知のうえで、あえてこの本を出版するのは、かつて吉田氏を直接取材したジャーナリストの一人として、私には吉田証言がどうしても、うそだとは思えないからである。

ここに公表する吉田氏の証言には、私が赤旗93年11月14日付に書いた記事に盛り込めなかった多くの新しい事実がある。これを何度も読むうちに、私は、吉田氏がうそつきよばわりされている原因の一つは、この記録を当時、全部公表しなかったことにもあるように思えてならなくなった。だからこそ今回、これを遅ればせながら世に出すことにしたわけである。

多くの人にこの本を読んでもらえば、悪意の誹謗中傷は別として、誤解に基づく吉田氏への疑問や不信は、必ず解消するものと思う。そして、吉田氏の名誉が一刻も早く回復されることを切に願う。

この本では、第1章に吉田氏のインタビューの記録全文を掲載した。これは93年当時、10月4日（面接取材）と同月18日（同）、同月25日（電話取材）の合計3回、私がインタビューした内容を記録した取材資料である。

ほとんどのインタビューはテープに録音し、そのままワープロで起こして（ごく一部は録音せずメモを起こしたものもあるが）、記事化する前に赤旗編集局の上司に提出した。その際、その取材資料をワープロ用のフロッピーに収めて保存していた。

今回公表する取材資料は、このフロッピーを、専門業者にお願いしてパソコン用に再生してもらったものである。

ただ、録音テープそのものは、十数年を経た後にたまたま再生した際、劣化のため音がまったく聞き取れないことを確認していた。その録音テープも今回、家中探したが、まだ見つかっていない。そうはいっても、テープ起こしなど、記者の取材資料は、取材メモと同じく証拠能力を持っている。

そういう意味から、この本では、この取材資料にいっさい手を加えないことにした。差別的な意味をもつ歴史的な言葉や、用字用語・漢字の間違いを含めて、業者が再生したままの文章を掲載している。ただし、明らかな誤字や間違いは「ママ」印のルビをつけた。

各節の区分けとその見出しも、保存されていた区分けに沿って、そのまま使った。カッコ内の文章は、取材当時の私（今田）の質問として原資料に書かれていたものであり、これもまた、小見出しとしてそのまま使った。新たな小見出しはつけていない。読者には少々読みにくいと思われるが、その意を汲んでほしい。いくつかの不明な点は、第2章で解説をしているので、そちらを読んでほしい。

第2章は、93年の吉田インタビューの取材資料の解説や分析をいくつかのテーマにしぼっておこなっている。今回の本の出版にあたり、初めて書き下ろした。

第3章は、私のホームページで公表している論評「『朝日検証記事』の検証」（昨年10月4日初稿、同13日確定）を、より内容に沿って「朝日と赤旗の『検証記事』の検証」という題に改め、今回公表の吉田インタビューの内容を反映させる加筆・修正をして掲載した。

この論評は、赤旗の検証記事（14年9月27日付）が出た直後に急遽、執筆したものだ。吉田証言を全面否定する朝日と赤旗の検証記事に、初めて異議を唱えた論文として、ネットで評判になった。その後の14年12月22日、朝日新聞社第三者委員会が報告書を公表、朝日は吉田証言に対する検証の詳しい内容を明らかにした。しかし、私の論評の分析・批判は、いまでも基本的には的外れになっていないと思う。

第4章は、私のホームページに同じく公表している論評「秦郁彦『慰安婦と戦場の性』の検証」(14年11月18日初稿、同26日確定)を、同様の加筆・修正をして掲載した。秦郁彦氏は、吉田証言を全面否定する研究者として、朝日や赤旗の検証記事が共通して肯定的に紹介している代表的人物である。そのため、その代表作『慰安婦と戦場の性』(新潮社、99年)の徹底的批判が避けて通れないと思って執筆したものだ。

第3、第4章の二つの論評を読んでいただければ、今回全文を公表した吉田氏のインタビュー記録の内容の理解が、いっそう深まると思う。

ところで、従軍慰安婦という国家による戦争犯罪の歴史的事実をなきものにしたいという、右翼タカ派の妄言が勢いをまし、それに同調するヘイトスピーチが横行している。そんな昨今、故・吉田氏の言葉には改めてはっとさせられる先見的なものが多い。その一つ、次の言葉を紹介したい。

「朝鮮民族に、私の非人間的な心と行為を恥じて、謹んで謝罪いたします。吉田清治――私はこの文を三十年前に書くべきだった。戦前、朝鮮民族に対して犯した人間としての罪を、私は卑怯にも三十年間隠蔽して語ろうとしなかった。その結果、第二次大戦で外国人…を一千万人も殺した戦前の私たちと同じように、現在の日本人も排他的な国益の概念を愛国心だと盲信して、人類共存の理念に反する諸法令をつくり、弱肉強食の獣性に堕ちている。…在日外国人を尊敬しないで、日本人が外国で尊敬されるはずがない。在日朝鮮民族への排外思想を矯正するように、日本人の青少年に対して正しい人間教育を、各界の識者にお願いする。…日本人の青少年よ、願わくは、私のように老後になって、民族的慙愧の涙にむせぶなかれ」（吉田清治著『朝鮮人慰安婦と日本人』77年の「あとがき」から）

２０１５年2月末日

今田 真人

緊急出版・吉田証言は生きている

——慰安婦狩りを命がけで告発！　初公開の赤旗インタビュー

目次

第1章

吉田清治氏への
インタビューの記録

〈九三年十月四日、吉田さんの初インタビュー①〉

（吉田さんがやった「慰安婦狩り」の実態について紹介を兼ねてかんたんに）

私の慰安婦強制連行全般について、お答えした方がいいと思うんです。それは、どういうことかといえば、私が朝鮮人強制連行の業務についたのは、終戦前、二年半か三年ぐらいなんですよ。約三年なんですよ。

そのころは、もうすでに真珠湾攻撃があって、その翌年の夏か秋ごろからだったと思います。昭和十七年の。

だから、昭和十七年の秋ごろ以降の日本の国内情勢は労働力が、というか、土建、いまの作業員、絶対数が不足して、いわゆる軍需産業の戦争遂行に差し支えるほど、ひどくなってたために、あらゆる日本国内で、男が散髪屋で働いちゃいけんと、全員が徴用かけられましたし、そういうふうに男子就業禁止が徹底しておこなわれる、いろんな職種で。

そして、みんな工場で働かされてる。そういう時がもう昭和十七年なんです。

その十七年に朝鮮半島では、もっと厳しくおこなわれてたんです。男という男で、自由に職業につくなんて不可能。当然ですね、いつも植民地はそういう目にあわされます。日本より先に。

だから、女もですね、全部、若い娘は一人残らず軍需工場に、あすこに大きな軍需工場といえば、特殊なところにしかないけど、朝鮮半島全部の都市にですね、全部の都市の町工場は全部、軍需工場に系列化されてしまって、それの部品づくりを全部やっている。あらゆる、いろんな町工場。そこに人手不足ですから、男が足りんから、若い娘は全部ですね、そこで働く。ところが、当時、朝鮮人は食うに困っているほど貧しくなってたから、娘が給料もらえるでしょ、だから、みんな助かる、食えるわけです。

それをいいことに、徹底的な徴用がおこなわれてしまった。翌年の十八年ごろは、朝鮮半島に若い娘で、家の家業というか、そういうのはいなくなったんです。

そういうときに、慰安婦強制連行が、「奴隷狩り」のような状況でおこなわれるようになったのは、昭和十八年と十九年です。

それは、どういうことかといえば、昭和十八年の春は、アジア全域に日本が占領をすすめ、侵略戦争を。昭和十七年の秋まで暮れまでに、アジア全域が日本軍の占領下に置かれた。東南アジア全域が。

　中国の沿岸から、山間奥まで、ずうと帯状に、北京から〇〇まで、香港、シンガポールもとより《ママ》、マレー半島から、いまのインドネシア全域、それと、もちろん、フィリピン全域、それだけが全部、日本の領土になったんですよね。

　だって軍事占領して、軍政敷いては、独立させたとはいえない、形式的な政府があったことは別に。

　軍が行政をあれして、マッカーサーの日本占領は間接統治だが、直接統治したわけです。しかも、これ、前線でたたかってきた将兵、日本の、いまでも、そんなに若者の人はよくないが。あの当時の日本の兵隊たちが、あんなに上品な、知的な占領政策やるわけがない。だから、これが侵略の、これがアジア全域を侵略されてないと、そんなこと思う人は、だれ一人いませんよ。それが実情です。

　だから、慰安婦も私が業務連行した慰安婦は、ほとんどは、朝鮮半島の、私の場合には、いなかの僻地の農村から、男の労働者の徴用命令、よくきてましたから、その十八年、十九年、それをこなすのに、一年中もう、部下もなんも、そればっかり専念してやっているときでしょ、業務として、そのときだから、男の徴用のついでに、女の女子艇身《ママ》隊も三十人、五十人という、そういうのをいっしょに、命令が出ていたわけです。それを私は、いっしょに、やっぱり連行していたわけです。

その場所とすれば、一番多かったのは、私の場合は、全羅道なんです。全羅南北道です。そのなかで南道が一番多かったんです。

それで、そこでやってたときに、済州島のことをなぜ本に書いたか。その理由は、従軍慰安婦というのは、あれは暴露できないんですよ。

なんぼでも証人がおるんですよ、本人が、日本列島に。それを私が知っている。これをいったら現在の身内、一族が破滅ですよ。

あのおばあちゃんが、元慰安婦なんて、もう、それは若い連中は結婚、就職ができなくなるんです。韓国人社会の習慣として。一族破滅させることになる。だから、いえないから、全羅道のことはいえない。

それで、慰安婦のことを出版の話があった、じゃ、例外一つある。

済州島がある。これ、例外なんだ。

だから、それなら、最初から、まさか私の本を読む人はいないだろう、日本の方も。そういう十五年も前の話ですから、この本を書いた、原稿を書いたときは十五年も二十年も前の話です。出版されたのが十二、三年前ですから。そのころ、済州島にまで翻訳されるなんて思いもせんですよ。

どうせ出版社から出たって、何千しか売れんことはわかってるんです。日本人はあまり読みゃせんと。ただ、私は歴史に、図書館にでも残っときゃ、歴史に残るわい、そういうつもりで、出したんです。

出版社なんて、三一書房の本なんて、ほんなベストセラーありゃあしません。図書館に残るだけですよ。

だから、最初、出版したのは二千で出版ですよ。だから、再販《ママ》なんてありえないと思ったら、また、一年以内にもう千部再販なっ《ママ》たけど、そういう程度の本が、ここ二、三年、ばあっと売れて、なんか七、八千、五、六千売れた、それにしても、五、六千しか売れてないんです。

その五、六千冊の本がどれだけ、目のかたきにして、なんで日本政府があれだけ、攻撃するか。その意図はなんだ。そして、それが翻訳されたのが、四、五年前ですよ、韓国で。それがなんで、その翻訳したのが、去年ごろ、ぱあっと問題になった。四、五年前に翻訳されて、ほんで全羅道では、全羅道の新聞では二ページ全部、私の本の紹介記事なんです。

そういうことがあったんです。

済州島の話に入りますと、済州島はこういう特殊な例なんです。なぜなら、昭和十八年か九年ごろは、済州島は当時の軍の前線だったんです。

だから済州島には、慰安所があって、あの狭いところに、終戦のときには五万の兵隊が駐屯してたんです。

だから、その一、二年前の、もうあのころの軍のことはいっさいわからんが、私の推計では、私が徴用にいったときは、一万人以上の陸軍将兵が駐屯してたんですよ。

ところが、軍人が一万で軍属がいますから、そして、この一万人のものが狭いところで、主要道路、幹線道路一本しかない。それ、島民たちが部落から離れて移動なんてさせませんよ。

部落民のなかの、働ける奴はみんな徴用かけたんです。女はみんな、海女以外は、遊んでたか、みんな徴用かけてました、軍需工場、あんなかにもありましたし。あそこでは、牧畜があって、馬がですね、あそこの馬は蒙古馬の系統を引いていて、輜重隊(しちょうたい)というか、荷物運ぶのに、粗食に耐えて、非常に前線で輸送用の馬としては、理想的な馬なんです。それで陸軍がですね、あすこの馬を本格的に飼育させる。そしてそれを本土にあてる。もう、それ以外は全部あそこは、朝鮮半島、米軍が、もう昭和十八年というのは、アメリカの潜水艦が、到着している時代ですから、いつ南朝鮮に攻撃しかける、それをあそこで防ぐ、要塞ですよ。島全体が。そういう済州島ですから、将兵たちは前線気分です。

そこから女を徴用なんて、ありえないことだけど、私が受けた、その徴用命令は、無茶苦茶な数字の南方送りの命令を、西部軍司令部命令で、西部軍司令部というのは山口県と九州全部を統括しているわけで、ついでにいいますと昭和十九年ごろは、十八年ごろだったか、日本列島を五つか、軍管区に分けて、東部軍管区とか、分けて、県知事もなんも、その軍司令官が命令を下して、事実上の軍政を日本列島に敷いていたわけなんです。

行政も県知事が行政勝手にはできないんです。なんでかというと、行政でも、軍需産業、いわゆる戦争遂行のこと以外に、昭和十八年以降、終戦まで、行政なんてほかにないですよ。教育もなんも軍国主義教育であって、すべての県の行政、あのころは、県知事というのは内務省の任命ですからね、選挙じゃない。だから、内務官僚ですから県知事は。だから、内務省自体が中央で陸軍省の統括下にあるようなもんですから。

日本列島が五つの軍管区。西部軍指令部命令というのは、これはもう憲法みたいに絶対逆らえない。その命令が、県知事あてに何月何日まで、正式な名前は、皇軍慰問が頭につくんです、皇軍慰問、天皇の軍隊の慰問、皇軍慰問朝鮮人女子艇《ママ》身隊の動員にかんする件、と。そういう、書いた命令書。一つ、なになに、一つ、なになに。という命令書。陸軍用箋に手書きした奴です。

そして、ゴム印に西部軍（司令部）と。ただ、それだけです。そのゴム印がポンと押してあるだけです。そして、だれかの係の将校のハンコ。それも階級もなにも軍事機密だから、なんもない。なんかハンコが一つ置いてある。

それをもって、少尉か中尉が、これは召集受けた幹部候補生の少尉か中尉が、そういう業務をやるのは中年の将校ですよ。前線ではつかいものにならないような、そんなのが、まあ事務員ですね、役場の職員みたいな、将校は将校でもね。だから、言葉も地方人と同じ言葉使うんですよ。いばった言葉つかやあせん。「たのんますよ」ちゅういいかたの、そういう、あれ、軍服は着ていても。そんなのが県にきて、事前に電話で県庁によびだされて、県庁で、打ち合わせするんです。で、命令受領する。そのとき、命令受けたのに、非常に過酷な命令で、「これ、できない」と。「こんなこと、ほんな、どうしてもこの期日、間に合わん」と。ということを私たち動員業務の責任者たちは主張したんです。

そしたら、「かといって軍命令で、どうしようもない」。「ほじゃ、たった一つ方法がある」といって仲間がいいだしたのが、「済州島ならある。海女を狩り出していいちゅうなら、できる」と。「あそこは女余っている」と。「済州島は前線扱い。あそこの女は、最近はいっさい、あの島のなかで働いている」と。「島の工事やら島の仕事に動員されている。その中から慰安婦、百でも二百でも。これならかんたんに連れてこれる」と。「ただ、あそこの戦地から、民間人が徴用なんて殺される」と。「だから西部の方でちゃんと軍の方に了解とって、そして向こうの軍と話つけてくれ」。「それは、お安いことです」と、いうんですね。「そんな業務は、なにも軍の作戦じゃないんだから、たかが動員業務なんて、そんなものどうとでもなるぞ」と。「朝鮮人の女の動員、そんなこと、現地の司令部で文句いうものか」と。「そんな、馬や牛を出せというのと違う」と。「馬や牛をだせといえば、向こうも作戦にひびく」と。「女は作戦に響かんわ」と。「慰安婦なんか、連れていかれて作戦に響くわけないから、こっちで電話、軍用電話で話つけたる。上の方にいおう」と、その将校がいう。「うちの班長にあれするから」。「じゃいい」と。そしたらすぐに、翌日、電話で了解とったからいけと。

ほいで「書類は、うちの命令書の写しをもっていけば、もうそれでわかっているから。司令部いったら担当の将校が、世話するから」と。

それでいって、ああいう、本に書いた通りのことをやったんです。

だから、あれは例外中の例外。あの徴用のやり方は、だまして連れてきているから例外。ところが、全羅道で私が大部分のやった二年間のあれは、男の徴用書いているんです、同じ本に。男と同じ方法でしか、われわれの部下も徴用のしかた知らないんです。女は別の手だてないんですよ。みんな、抵抗、逃げ回る。わめく。村中、パニックになる。部落中。そこから、適当な女を連れだすには、男を奴隷狩りした、あの本の前の本に書いてある、あのテクニック以外の方法で、どんな方法が現実的にあるか、ありえないんです。あの当時の状況を前提にして、現実的に一週間で女を五十人、百人集めてこい、といったときに、あの方法でしかないんです。

あの男を集め、部落を急襲しては。あれを女にも適用して集めたというだけです。完全に、赤ん坊を抱いている、部落中のものが、広場というか村の中で一番、道路の広いところあります。そこへ全部、朝鮮人巡査に命令して、一人残らず全部、外へ出ろと、命令して、そこへ全部、固めて、多い部落では二、三百人、少ないところでは百人くらいある。出てきますよね。小さな部落単位でやるから。

それをこっちは、よう逃がさんように、警察官、朝鮮巡査たくさんつかって、日本人警察官が指揮とって。だって私たちは十人ばかりの、徴用隊の連中は、その集まっている中から、慰安婦につかえる女を、体と顔で歳かっこうと、そして、もう無茶ですよ。そして、少し太っている奴は妊娠しているどうか、パーと腹をさわって。それを自慢する奴もいた。腹をパンとたたくと妊娠か、こえとるか、一遍でわかる、なんて自慢している部下たちもいました。

そんなことは、当時の朝鮮人の女だったら気絶するほどの辱めなんですよ。男からいきなり、腹をさわられるなんて。公衆の面前で。そういう時代にそういうやり方して、そして片っ端から「オイ」と。それこそパニックですよ。

それを巡査たちに命じて、はがいじめにし、突き飛ばし、ころんであれする。そしてトラックにほうりこむ、というやり方しました。それ以外に手がないですよ。

そして女たちはたいてい、つかえそうな女は、赤ん坊を抱いている女は一番、こっちもいやだったです。

赤ん坊を引き離して連れていかなけゃいけんでしょう。

ただ、苦労してその部落まで、遠い道を一時間も二時間もかけてたどり着いた山の中の部落で、一人しか、そんな女がいない。二人しかいない。

その女には一人は赤ん坊がいて、一人はちっちゃなよちよち歩きと、ちいさな子の手を引いて。そなん《ママ》場合でもひとごみの中、五百人ばかりの部落民の中で、そいつをみつけだしても、それ以外にはばあさんばっかり、つかいものにならない。ここまできて、二時間も、遠くなら三時間も四時間もかかって、次の部落まで一時間もかかる、あんな山の中まわるより、そういうところしか男も女もいなくなっているときですからね。

そういうところから、かき集める業務を私たちがやったわけです。だから、その陣頭指揮や隊長は私なんです。

そして、女を、しかたない、部下たちは赤ん坊を取り上げて、みてる、そこらにいる年寄りの方の、ばあさんにバアッと渡して、投げては渡さんけど、フットボール渡すように渡すんですよね。

周辺はもう耳が鼓膜破れそうに、独特な朝鮮語で叫ぶ。それはみんな、朝鮮人巡査も殺気だっている。まして日本人の巡査、日本の警察官の何人か、二、三人、四、五人の監督している日本人巡査が圧倒して大声だしているんです。その朝鮮人巡査をしかりつけて。「やれ」と。

それで朝鮮人巡査は首になるから、首になるだけではすまんから、みんなの前で、同じ同胞のそういう女を。部下たちはまかしちゃおけんということで、飛びかかっていって、女引っくくってトラックにのせる。そして、それをのしてしまえば、「出発」と私が号令かけたら、ダーとみんなトラックに飛び乗って、バーのそのまま、何台もの車が。そして三十分もたったところで、ちょっと休んで一服する。耳がワンワンする。そういう狩りだし方を、徴用、強制連行の現場では、男も女もそういう状態が現実なんです。

それを私が本に書いたのは、やさしすぎるんです。

それが現実なんです。

戦後、三十年たって書いたんでしょう。だから三十年もたって書いているから、歳とって書いているから、やわらかく、その辺はなっていますよ。

実際をいま、ふりかえると、すさまじいものですよ。

最近のユーゴやなんかと同じ状況ですよ。それが実情ですよ。それが当時の朝鮮人強制連行の実態なんです。

なんか秩序だった強制連行がおこなわれているような、終戦後におこなわれているような、徴用、日本人と同じような、きちんと法に基づいてやっているように、そう信じきっているから困る。

それが十七年以降、つまり真珠湾攻撃がっ《ママ》あってアジア全域を占領したときの労務者不足と、慰安婦の不足に対処するために、強制連行、朝鮮半島からの強制連行は、奴隷狩り中の奴隷狩りですね。強烈なもんです。それ以外、軍命令で遂行できないんです。

それを知っているのは被害者の、韓国のいまのその地域の、お年寄りだけでなく、中年は自分が幼少のころ、その現場にいたものが生き残っていますよ。それが口づてにみんなに一族に語りますよ。日本の奴はこんなことをしゃ《ママ》がった。女の話は別として、男の奴隷みたいに、牛か馬みたいに半殺しの目に会《ママ》わしてひきづ《ママ》って連れていったと、こんな《ママ》許せるか、ということをみんなが語り伝えて今日にいたっているわけです。

だから朝鮮人の陰にこもった、この反日は絶対に三十年や五十年じゃ消えませんよ。そのときに日本政府が慰安婦問題を、この三年間、あんな対応をして、官僚がここで新しい日韓新時代、ここで幕引きと、そして謝るべきは謝って、ほんなことでかたづく問題じゃないんです。

だから、この実態を知っている吉田清治とすれば、韓国国民にたいする私は謝罪、日本人が私は韓国国民に、今度、このお金を、薬代をもっていったときに、韓国のマスコミを通じて、韓国国民に訴えたいのは、このお金は日本国民から募金しました、と。そのこの募金した日本人は、けっして野蛮人ではありません。日本人が文明人になるために、どうぞ、その日本人を文明人にするには、慰安婦の方、生きていてもらわなきゃ、ならんのだ。どうぞ、一日も長く生きてください。あなた方、生きておられる一日、一日が、日本人を文明人にするための教育になるんです。

そういうことを私はいって、日本人全部が野蛮人ではありませんよ。どうぞ、少なくとも、この一万円ずつのこのお金を、出した日本人は、補償金を出した日本人です。これは野蛮人ではありません。これはどうぞ、文明人の日本人だと認めてください。お願いしますから。それをいって死にたいんです。

そうすれば、韓国人の恨みつらみは、日本人の中にも文明人がおらあ、その証拠を吉田がいうたわい、その証拠が今度の支払い開始だ。毎月毎月ずっと、これを三年五年と支払っていけば、ずうっと、この慰安婦の最後の人が死に絶えるまで三十年かかると思うんです。

三十年間、それを続けたら、私の死後、私の若い者があとを継ぎますから、そうした三十年後には、韓国人全部が日本を許してくれるだろう。日本の日韓併合そのものを許してくれるだろう。それが、私の一つの人生観なんです。これが私の老後の人生観なんです。それで私は生きているんです。この病気だらけの体。私、医者にかかったら、診察受けたら、即時入院といって強制されるほど、ばらばらな体なんです。これが、この十年間、医者にいかなんです。

〈九三年十月四日、吉田さんの初インタビュー②〉

（国家犯罪という点について）

昭和十七年以降に、朝鮮に民間人が慰安婦を集めにいくということが、どうしてできないかの理由を箇条書きすると。

一番。昭和十七年に関釜連絡船のキップを買うのに、証明書がないと買えないのですよ。その証明書は業務上の証明書。それをですね、内容証明、慰安婦を売春業者なんて者が…。公の、つまり、軍需工場のなんか出張命令書とか、なんかかんかのあれ、あるいは、満州国の者で帰国してまた赴任するとか、そういうことを証明できるものを、みせなければ、キップが買えないんです。

関釜連絡船に乗れないし、乗ったら、あそこには水上警察が乗ってて、乗客名簿の中で不審な者は全部、一人一人、チェックします。

それが厳格におこなわれていたんです。これ、防諜上。そして、渡航して今度は、あそこから列車に乗るキップ買うのに、公務でないものは、そんないなかにしか慰安婦いませんから、そういうところにいくキップを買うときに、みんな特高警察いっぱいおりますので、そんなうさんくさい奴、なにをしよるかと、そして警察連れていって尋問ですよ。

それは、もうおこなわれているんです。満州国官吏をしているときですら、それがおこなわれていたんです。私は満州国官吏は、昭和十二、三年ごろにやりましたから。そのころ、私は内地に帰っていくときでも、それを受けているんですよ。

ちゃんとした満州国の官吏証明、トランクの中にいっしょに入れて、どっかいった、なんもいわない、いわずに、すぐ警察、特高に頭から怒鳴られた。ちゃんとした国民服を着ときゃよかったのに、夏だったもんだから、ずぼらなかっこうしていたもんだから、ほうりゃもう。そういうのが昭和十二年ごろですよ。

まして、十七年、決戦体制といわれている、あのときに、朝鮮半島に日本人が自由に旅行なんて、できはしませんよ。

まして、女をどうして。部落に朝鮮語もわからん連中が、部落にいって日本人が、そんなもん、袋叩きにあいますよ。だれもみてなかったら。殺されますよ。

そういうときに、金やってから、いい商売なるから、それは大正時代から昭和、満州事変以前の問題ですよ。昭和の初めごろは、そんな女衒（ぜげん）が朝鮮半島に商売にいく。昭和六年以降は、朝鮮半島ではそんなことはできなくなっている。

大正から昭和の初めまでですよ、それができたのは。それを錯覚おこして、そんなときの記録かなんかしらんが。

昭和十七年以降、終戦までの、朝鮮半島で、いわゆる民間人が、あそこから女性も男性も連れ出すには、何らかの官庁の証明書、許可書なし、命令書なしには絶対できない。

それから、もう一つ、重要なことがある。あの当時、昭和十七年ごろ、食糧管理は徹底していたんです。

一人一人、食糧通牒《ママ》で日本内地では厳重な食糧統制があった。それ以外にどこの米屋にいったって日本中、米は買えない。百姓から直に買うことはない。それは処罰される。

百姓は売りもしません、「この非国民が」と。

そういう時期に朝鮮半島はもちろん、昭和十七年ごろは、食糧は厳重に統制されて、そういう日本人の業者が朝鮮半島にいって、コメの配給が、コメ買えないですよ。

旅館なんてないですよ。昭和十七年以降。そんなもの泊める旅館なんて、ありゃしませんよ。ちゃんとした証明書もっていった者でなけりゃ、泊めないですよ。コメ食わしてくれません。

女たちを連れだして、それを釜山まで、どうして連れていくか、その汽車のキップも買えんだろうし、女たちが村から出ることもできない、出ていって、そんなもの、女連れを駅におる朝鮮人巡査はみのがさない。すぐ所轄の警察署が日本人の署長以下幹部が、そんなあやしげな人間を、ブタ箱に入れて取締りです。そして、さっそく誘拐罪。

だから、軍属という身分を前線でもらった連中しかいかれないんです。それも集団で。何人か、五人十人と。いわゆる軍服を着た、軍属でも軍服を着たら、わかりませんよ。そして、軍属のきちっとした徽章なんか、いりゃしませんよ。証明書をどこの部隊でも、慰安所要員はそれの募集に軍属としてですね、御用商人がたいていやっていた。

日本中の暴力団が実は御用商人やら、そういうところにみんな、いっているんです。日本内地は、若者がどんどん、いれずみ入れたのが召集かかるでしょう。召集逃れもあって、親分がバアーと連れて、大陸にみんないっているんですよ。

そして御用商人と称して、これが大量に中国、満州から広東と、全部いっていたんですよ。そういう手合いのいれずみ入れたんが、この募集によくきていた。

それは、私が下関で世話したときに、よく知っている。言葉づかいから違いますよ。だから、そういう連中に連れていかれて、そしてそれが軍の命令、国家の正規のあれ以外に、民間が金もうけを絶対にできない。

金もうけするには、なんで前線にやりますか。それだけ、五人でも十人でも女を仮に、下関でも連れてきたら、そんな女は、下関から上海にもっていったら、すごい金になる。

上海、チンタオ、テンシンに連れていけば。朝鮮人の女だろうがなんだろうが、女をあそこであれしたら、そりゃもう高い。前金で。売春業者が表向きはなんか料理屋にしているけど、その売春業者は高い金をくれますよ。女たちにもいい金が。慰安婦になるバカはいない。自由があったら。

だけど、そんな不可能だ。いきなり御用船に積んで前線に送る。

国家そのものがやらずに、初めから、狩り出すときから、朝鮮半島で連れだすときから、国家そのものの力です。民間の力では部落の駅で汽車に乗せることすら不可能。

一人連れだすのでも不可能、それを五人も十人もどうして連れだすのか。それは軍の正式命令書を持っていなけりゃ。それが動員命令書なんです。ちゃんとした司令部のハンコつき。

（労務報国会とは何か）

アメリカと戦争始めるときに、世の中、すっかり、もう戦争体制に国会も行政機関もなってしまうその時期に、国が、日本中の工場労働者を全部、産業報国会というのに一つにまとめたんですよ。

もちろん、労働組合は全部解散して、そしてそれを職場単位に産業報国会組織を、一挙につくってしまった。そして定期的に地区ごとに、産業報国会の行事をどんどんやって、戦力増強、国威発揚の運動にして、すべての福祉厚生ということも産業報国会の中に置いてやる。その組織、これは便利。

ところが、産業労働者でないもの、残ったもの、当時の言葉でいう日雇い労務者という、労務者、いまの言葉でいう建設作業員です。建設作業員は工場にあれしてないでしょ、だいたい、この数、圧倒的に多いんです。

これは、みんな何々組に所属していますよね。日本の肉体労働者は全部、ナカシから大工、佐官から、つまり、労務者といって、労働者対労務者という言葉があるんです。

労働者は産報会員、労務者を全部、組織をつくったのが、労務報国会。産業報国会と、労務報国会、二本建てで、すべての労働力を統制したわけです。ところが、産業報国会はうまくいきますよ、もともと、工場の労働者だから。大正時代からストライキやったりしている。組織だったあれだから。ところが、労務者なんていうのは、組織つくったって警察権力以外に取締り《ママ》ない。だから、労務報国会をつくるときに最初は、昭和十七年ごろ、つくったんですが、日本全国の県知事を県の労務報国会の会長に任じたんです。兼務です。だから、山口県労務報国会の会長は山口県知事。それから副会長が警察部長。これ、全国に決めたんです。

そして、県内の各警察署単位に支部を置いて、その支部長が、県内の警察署長が全部、支部長兼務。

だから、県知事に命令を下したら、自動的に労務報国会会長の立場で労務報国会の支部長に命令がいく。そうすると支部長は警察署長だから。警察署員というのは数が足りんで、とても業務なんかやれん、実質、民間人が労務報国会の職員として雇った。この職員は、復員軍人、傷痍軍人もいたし、それから、いろんな炭鉱やなんか、いろんな現場で労務監督をやった経験者ばかり。つまり、人間を扱い慣れた連中が職員だったんです。そんなんしか雇わなかった。荒っぽい連中ばかりがなった。

それに女子職員は、地元の有力者の娘さんなんかがなった。女子艇《ママ》身隊のがれだ。

職員の身分は、給料が労務報国会会計から出た。その金は、会員からの強制的に請負業者から会費をとっていた。労務報国会の会員は二通りあって、雇い主を甲会員、労務者を乙会員とした。乙会員が下関の場合には、一万人いるとすれば、甲会員が千人いました。それからみんな強制的に会費を徴収していた。

ところが、支部が警察官が兼務している支部がある。支部で業務のない支部があった。いなかの警察官の中には、徴用業務もなんもない。形式的には全国の警察署長を支部長にしたから、なんも徴用業務と関係ない警察官が大部分ですよ。

そういうところは、警察官が労務報国会の行政係とかいうのを一つ、警察の中に置いて、一人か二人、置いていりゃ、まあ、いいほうで、ほとんどのところが、行政係は特高の中に労務報国会の係の巡査が一人いる、そんな特高の中のデスクワークやるものが一人やっていました。署の中に特高係がありますよね、その中の一人が。年配のじいさんがやっている署もありました。

私は、給料をもらっていた。破格に給料がよかったから、警察署長が給料が月に百五十円だったかな、下関警察署長は県内一、高給取りだった、警察署長の中で、山口県の中で。それが百五十円のときに、私が百三十円だったんですよ。

その警察署長がきて「他の県内の署長で百三十円以下の署長がたくさんおるのに、高すぎる」というから、「高すぎるから、仕事しませんよ」という冗談いう仲になっていたんです。

公務員じゃない。いまでいう公社公団でもない。形の上では、身分は民間。絶対に公務員にしなかったのは、こういうことがある。動員業務もした場合に、あのころ、特高がおそれたのは共産党員です。破壊活動をやるんです。ダイナマイトつかって軍需工場破壊するとか。そういう、朝鮮人だとなお、それをやる。だから、それをもしあったとき、実はときどきあったらしいんですけど、情報としてしか当時、私たちの耳に入らなかった。

軍事機密だから、あっちこっちの飛行場で、ときどきダイナマイトで、兵舎こわしたりして、朝鮮人全員処刑されたりした。ウワサとしては回っていましたけど。そういうときに責任者を、公務員にしてたら、この徴用、動員業務が直接、労務報国会の会長、支部長が直接、やっていたとしたら、県知事、首が飛ぶ。

しかも、戦時軍法ですから、連中、辞職どころですまない。死刑か重刑に処せられる。

その責任のがれをするために、労務報国会の各県単位、各支部にも動員部長を置いた。各支部の警察署単位の動員部長の中の一番、代表一人つくる。それが、県知事の責任のがれ、県の労務報国会動員部長という辞令一枚出したわけ。そうすると、すべてが動員部長が最高責任をもつ。もし、不逞鮮人が軍法にかかることをしたときに、処罰をそんな不逞鮮人に動員をかけて、軍需施設に送りこんだ奴は、当然、軍法にかけられ、動員部長がその責任を負うような、ちゃんと内務省はそういう綱領をつくってしまった。

だから、そのために、これは絶対に警察の嘱託というふうにしていない。

あのころ、労務報国会の乙会員という佐官《ママ》とかナカシとか、これ、特高の目からみたら、なにするかわからん連中ですよ。人殺し平気な連中と思われている、いまの暴力団あつかい。警察官僚、特高の目からみたら、なにするかわからん。いまの建設作業員でも、一般の目はそういう差別の目を受ける。

まして戦争中、「土方と人間がケンカしとった」という言葉があるように、人間扱いされてないんです。そういう時代です。

まして朝鮮人を動員する業務、そんなあぶなっかしい業務を警察官が責任とるなんて。業務を実際やったのは民間人。労務報国会の職員たちは、公務員以上に厳しい命令で、命令をさぼ《ママ》ったり、極端なことをしとったら、自分が徴用をかけられる。工場で働かされる。動員命令は、絶対服従。軍隊の召集命令と同じ。

労務報国会とは、警察組織の動員業務、わかりやすく、警察の外郭団体だった。労務報国会の動員部長は、朝鮮人動員業務の最高責任者であった。そういう紹介をしてくれ。

（済州島の現地訪問について）

済州島問題だが、済州島には、私も七、八年か前にいったんですよ。韓国のテレビ局かなんかの招待で、済州島に私は謝罪旅行にいった。

そのときにＫＢＣ?《ママ》、韓国の公共放送ですね、あそこの済州島の支局長室を根拠地にして、あすこのテレビ局の車で、ずっと現場まわりをしたんです。

そしたら、もちろん新聞記者が、現地の新聞記者、あるいは光州から新聞記者もきてました。そういう連中、十五人ばかりが、ぞろぞろついてくるが、最初のときに私は、記者会見で、今度は謝罪旅行で、お願いがある。慰安婦の強制連行は発表しないことにする、これは女子艇《ママ》身隊で軍需工場の女子艇《ママ》身隊徴用としてほしい。でないと、ここに私がきて、しかも部落から何人、あそこから何人、全部、私がここで証言しなければならない。
そこの部落の人たちは、自分とこのおばあちゃんが慰安婦だったというと大変なことになる。それでOKじゃなければ、いっさい証言しない、と。この歳になってもう一度、韓国で戦争犯罪になる、そんなことしたくない、そのくらいの分別は、日本人の吉田清治は持っている、と、たんかをきった。そしたら、みんなそれはもっともだということになった。通訳は感動して、みんなよろこんでいますよと、あなたのその気持ちを。そういうことで全面協力した。

それだけでなく、通訳がいったのは、あなたの身辺警備をここの在郷軍人会の去年とおとどし除隊したばかりの若手六十何人が、二十四時間体制の交代で、あなたの身辺警護を申し立て《ママ》ている。これ受けてくれますか。と。それは、ご迷惑かけることになるから、というと、警察に任しておけないと彼らはいっているんです。

日本人をなぜ、守るんですか。日本で証言してほしいから。日本人のこの《ママ》事実を知らせるのは、吉田さん、あんたしかおらん、と、みんないっている。

だから生きて日本人に知らせてほしい。地元民、あなた殺すもの出るぞ。それを防ぐんだと。恨みでだれがあんた殺すかわからない。警察のような年寄りに任せておれない、という。

実際、警備やってくれました。

そういう事実があって、現場でずっと、ここでなんぼと確認してるんです。それが毎日、ソウルからニュースで報道されている。

それをいっさい無視して産経新聞やら、あの教授たちが大騒ぎをしているんです。

済州島新聞の記者がいったとか、八十なんぼの老婆が証言したとか、そんな、わずかな人数の部落で、十人も十五人も娘連れだしたら、大騒ぎになる、と。しかし、あの当時、大騒ぎできる状況の済州島の状況でないことを、そのばあさん知りもしないで。

昭和十八年、十九年ごろの済州島の実態は、知らずに。済州島の新聞記者といっても、戦後生まれの新聞記者がなにがわかりますか。一人の新聞記者が語ったのが、いかにも真実だというが、その裏をとっていない。

ばあさんの裏もとっていない。

地元民の証言、地元民の裏もとっていない。その信憑性も追求していない。

〈吉田清治さんへのインタビュー、九三年十月十八日〉①

（産経新聞の攻撃への反論について）

大阪に人権資料博物館があるが、あのグループで、元・奈良新聞編集長をやっていた人と吉見教授が、三、四カ月前にここにきて反論してほしいといってきた。私は「そんなことはやめなさい」と断った。そんなことやったたって外務省や外政審議室にとってはなんともないんだよ、もっと外務官僚の中枢に爆撃をやらなけりゃ、戦争にならないよ、と。なんか下請けの下請けの、そういう手合いを相手に。十五年も前に済州島で慰安婦がどうのこうのなんて、もう事実として証明ずみなんだ。この前、会ったときにいったけど。くだらん。あそこから慰安婦がいないなんて。戦後の済州島事件でまともな奴はいない。みんなその後、住み着いたんだ。だって韓国のマスコミ、ＫＢＳがすでに十年前にもうこれを事実として報道している。

済州島の新聞記者がというが、その新聞記者の信憑（しんぴょう）性なんていう証明をせずに、それから八十なんぼの老婆が、と。老婆といえば、当時、みんな知っているのかい。それの信憑性も全然なくて、かってに歴史家、なんとかいう教授がそれを歴史上の証言者のように使っている。

こっちは、もう十五年も前から、そして済州島に十年ばかり前にいったとき、韓国マスコミが全部、徹底的に調査しているんだ。どっちが信憑性があるのか。その済州島で新聞記者、済州新聞なんて地方新聞の記者が、戦前のことを知っているはずがない。

だれからきいたんか、その新聞記者は。慰安婦をこっから強制連行されたなんて、どこの部落のものが証言するか。だいたい、三年前まで韓国で「私は慰安婦」という証言者は戦後四十年間、一人も現れなかったやないか。この事実、いまでも百四十人と韓国政府は、発表してるが、実際に名前を、訴訟を起こすなり、自分の名前を出してもいいといったのは、九人しかいない。あと二、三人が追加する。たった九人しか、そのうちの四、五人しか実名。あとはみんな匿名で訴訟を起こしている。

だから、その現実。それと、もっと日本人の、将校慰安所は日本人の慰安婦ばっかりだったから、それが、だれ一人、証言者が出てこない。

それから、戦場の慰安所まで慰安婦をもっていくのに、関係者が生き残っているのは無数におるわけで、だれ一人、戦後五十年の間にも証言者がゼロ。それだけじゃない。百万も二百万も在日韓国人・朝鮮人を強制連行したり、つれてきたり、そういう関係者を、強制労働させた関係者、これの証言者も、今日までゼロ。男ですらゼロ。つまり、一人もいないんだ。

たった一人の両方の証言者で、過去に十年やり、ことに過去十年間は韓国マスコミに、いっさい向こうにいって証言し、徹底的に韓国マスコミ人の調査を受けてきた。その結果が、あれなんだ。その証言を否定して、どこが違っている、ここが違っているという。それをまともに全部公表したら、吉田清治といっしょに行動したものは、だれも名乗りでない、それを表に出すことになる。彼らは戦後、やはり中小企業を経営したり、なんかかんかいろいろやっている。そして息子さんの代になっても、オヤジが強制連行やったとなった場合に、ことに建設業をやっているものは、在日韓国・朝鮮人が関係者が非常に多いんです。土建業。職場ないから。その連中を敵にしたとき、商売、いっぺんで倒産してしまうよ。だから、だれ一人、名乗りでない。関係のない職についているものも、一人も名乗り出てない。

それをたった一人の証言者が、少し人名やらなんかをマスコミにわからないように、少し、そこを脚色しているところはある。地名を、そこではなくて、日本内地の地名ですね。どこどこという地名を、どこ出身の動員部長とかいう、その地名も、これは変えている。それは、みんなの、彼らの迷惑を考えている。暴露してなんの価値がある。強制連行の実態を歴史に日本人に事実を知らせることが目的で始めた二十年前の行動で。基本的には全部事実だ。その、いろんなところの矛盾とか、それがあったからといって、（「信用できない」と）いうのか、というのが、私の主張なんです。

（イヤガラセの卑劣な具体的内容は）

私の本が出たころ、十五年くらい前に、大阪に何回か座談会なんかでいった。在日韓国・朝鮮人の強制連行、慰安婦じゃなくて強制連行ですね、これは在日朝鮮人も韓国人も全部被害者ですよね。自分の親でいなければ、自分の親戚は全部連行されていますから。在日のほかの身内が。それの事実を日本で謝罪して懺悔（ざんげ）しているという話が在日に口コミで一年、二年するうちに広まったんです。

そのためにですね、暴力団ですね、何組、何組という広域暴力団。十何年も前の話ですよ。その暴力団のそれぞれの組長クラスはですね、実際は朝鮮人なんですよ。在日朝鮮人なんですよ。

彼らはグレる以外にないわけですよ。どうせ職はなし。小学校からいじめられているから。どうしても連中はグレて。だから十代の時からなんかで警察に捕まってるでしょう。そして、そういうのはたいてい、組員が目をつけますもんね。

それから、もう十五年前に暴力団の幹部は、在日朝鮮人、韓国人が多いんですよ。そして右翼団体の構成員も実際に第一線でやるのだげ《ママ》でなくて、在日が多いんですよ。したがって私は過去十五年間、暴力団と右翼からの脅迫は、あるいはイヤガラセはゼロなんです。

これを私がなぜ、二、三年前まで、マスコミがどんどん載してくれてるときに、その事実をいわなかったか。暴力団や右翼の構成員の幹部が在日韓国人であり朝鮮人であることを私が暴露することは、彼らも困るんです。

それと、これは在日六十五万人に迷惑なんです。それをいっちゃ、いけないんです。ただ、ばく然と右翼のイヤガラセというが、実質はないんです。

じゃ、だれが脅迫したかというと、すべて元軍人と称する、たとえば、北支派遣軍とこにいたなんとか部隊の者だとか、そういう旧戦友会の連中が、あるいは、その連中の中に若い者もいるわけでしょう、そういう手合いだけなんです。

だから、昨年、ソウル行きの予告が朝日新聞に去年の三月、四月ごろ、朝日新聞にでたところが、すぐあと「ソウルにいけると思っているのか」とか「刺し違えるからな、身辺整理しとけや」と、電話で大阪弁の脅迫電話があった。それと、それに類する「戦友の名を汚した」、ことに慰安婦問題で「戦友の名を汚した、天誅（てんちゅう）を加える」とかいうような言葉で、まあ、「家族を、交通事故に会《ママ》わんよう気をつけろよ」とか、イヤガラセ電話が一週間に一回、平均は。で去年の韓国行きまで続きました。

私のことが朝日新聞なんかに出ているころ、済州島のことを産経新聞の秦教授とかいうものが書いた、去年の春ですか、それ以後は朝日新聞が私の記事掲載を取材しなくなったんです。

そして読売新聞はこの三年間、一度も私の記事掲載をしないんです。それから、テレビ局ではＮＨＫが、おとどしの十二月ごろ、なにかちょっと、三十秒ぐらい私をちょっと、慰安婦問題のとき、私をちょっと、出したときがあるんです。これは、大阪のＮＨＫのディレクターが映したものが、全国放送であっただけで、それ以後、去年の正月ごろ、去年の八月十五日ごろソウルに謝罪旅行にいくというために密着取材の申し入れがあった。ＮＨ

Kが。そして、それが四月ごろになって断りの電話があって、いかれない、と。現地に支局がありますからというような意味だった。ＮＨＫは去年の一月以降、ことしの二年間、いっさい放送しないし、そしてテレビ朝日の出す6?チャンネルが、モーニングなんとか、という朝の番組ですけど、それの下請けのプロダクションの連中と二組、それと大阪の毎日放送です、その三組が密着取材で去年の八月十二日からの慰安婦でのソウルいきに密着取材したわけです。

そして、それぞれは放送しましたが。現地のそのつまり、従軍慰安婦の顔をみせての、七、八人ですね、それと私との対面ですね、それが現地のソウルの太平洋戦争犠牲者遺族会が主催して、そして死んだ慰安婦の慰霊祭みたいなのをかんたんにやったわけです。

そのときにマスコミは、外国マスコミはＡＰとロイターがきて、世界中に配信したんですね。

それと、韓国のテレビと新聞記者が何十人きた、共同記者会見に。そして一番、最前列に朝日新聞ソウル支局長、読売新聞ソウル支局長、毎日新聞ソウル支局長、三人が一番最前列に座り、そのうしろが韓国の新聞記者、そしていろいろな韓国のテレビやらなんやかんやですね。外国の記者は全員きたようです。

それだけのメンバーで、そして私が一問一答でみんなの質疑に答えたんですが。その間の一時間や二時間近い間、支局長、その日本の支局長は、そこにいたわけなんです。全部を取材し、支局長だけくるわけじゃなしに、支局のスタッフもきているわけです。それが、三つの新聞、いっさい報道しなかった。

そして、ＡＰ通信は、ソウル発で三つの配信をしたんです。あなたに（コピーを）送ったように。この問題について。そして、写真つきで。したがってニューヨーク・タイムズにでたそうです。その他、アメリカのほかの新聞から、世界中の新聞に出ているわけなんです。

わたしが慰安婦の金学順（キムハクスン）さんに頭を下げている、あの場面もですね、世界の新聞は載っているわけです。

だから、初めて加害者が被害者の慰安婦を五十年ぶりに直接、謝罪をした、というその場面。ＡＰもロイターも、要するにわれもわれもと世界に配信している。

それを日本の支局長が直々にそこまで出て、そして、毎日新聞の支局長はそのあと、私のホテルにまで同行して、お茶を飲んで取材をしているんです。毎日新聞だけ、小さな記事が出たそうです。私もよく、知らないけど。しかし、かんたんな記事だったそうです。

論評なしの、なんかニュースみたいなものが、ちょこっと出たらしい。

朝日と読売は全然、掲載なし。そうしたことがすでにあり、NHKももちろんない。民放の二局がやった。あとはいっさいなし。

そういうところへ、去年の秋からニューヨーク・タイムズあたりから、私を取材に次から次にアメリカやドイツ、ドイツなんていうのは二つの局が。

去年からことしにかけて、私を世界のテレビがあつかったのはBBCと、ドイツ二局、オーストリア一局、アメリカがABC、NBC。NBCは、いまから一カ月半ぐらい前に。だから、それだけ、私の証言、私の行動は世界中が認めているんです。

ところが、朝日と読売は過去三年間に、私はいっさい一行も報道していない。もちろん、私の記者会見のとき、読売の記者も朝日の記者も、かならずきているんです。

それをどこでボツにしたのか。

(イヤガラセの問題に話をもどす)

過去十五年間に、前に住んでいたところに、なにか元軍人と称するものが五、六人、七、八人、マンションのドアをノックしてですね、そして私がこうドアを開けたら、私も過去、戦場にいっているから、経験があるから連中が殺気立っているのが、すぐわかります。「吉田清治さんか」というい方で、なんかスパッとわかりますよね。

私のところへですね、無断で、予告なしに、五、六人、七、八人の年配の男ばかりが。訪問者であるわけないんですよ。

これは、もう七、八年ぐらい前です。そのころから、おこなわれていたわけです。その時は、すぐ閉めて、そうすると、表で叫んでいたら、マンションの隣の人が、すぐ一一〇番したために、なんか救急車?·が連れていった。私はすぐ、ベランダ伝いに、隣にすぐ身を隠しました。そうすると、別の方の隣から近所の者が一一〇番したらしくて、後からきいた話なんですが。ですから一一〇番でみんないっしょにいった。それで、そして私には支持者もいますからね、それが警察で調べたあとですね、何日かしてから、その報告が。「あぶなかったですね。刀持っていたんですよ」と。小刀を持っていた。ところで、それは捕まっただけか、いや、それはちゃんとした、名刀はなんか届けて本人が所持の許可をもつと、なんとか文化財で、ちゃんとした許可証をもっていた。だから、そんなのを持っているものといや、社会的に一人前の人間ですよね。

東京の目黒駅の近くの警察のこと。それいっぺんじゃない、二、三回、あすこで襲われたことがあるんですよ。

イヤガラセは横浜時代からありましたし。それが全部、警察に残る証拠がない。いわゆる訪問したというのは、なんということじゃない民事なんです。軍服をきているわけはない、普通の年配の大人だ。

なんの予告もなく、ドアをどんどんたたいて「吉田清治さんか」といういい方で、いきなりですよ。そんな失礼なやり方はない。

それ、何回か経験していますし、それ以外に、この脅しはきりがない。

連中は金で動く。バックにいるのは、自民党の政治家ではない。外務官僚だということが、ごく最近にわかった。外務官僚がバックで操って圧力かけたことが最近、わかった。マスコミ操作の張本人だ。

イヤガラセの張本人は、旧軍人たちだ。靖国の遺家族のあの集団の一派だ。遺族会の地方の幹部たちが、なにかしてマスコミになるような、なんかしてやりたかった。それが東京に上京したついでにくる。昼間にくる。

（吉田さんが担当した地域以外の朝鮮の地域は、どこの県の労務報国会が担当したのか）

この当時、軍の動員業務というのは、軍の最高機密なんです。だから、すべてこれはですね、どこの労務報国会が、なにをしているか、いっさい、隣りの福岡県、隣りの広島県、ましてや大阪なんか、かなりやっていたらしいんですが、そういうよその労務報国会の、私も労務報国会、三年ばかりやっていて、それが、全然、そうしたことが、知ることもしないし、横の連絡は、対岸の北九州の労務報国会とも、一度も会うこともなければ、連絡もないですよ。軍事機密なんですよ。だから、まして、どこでだれがやるなんて、県知事から、つまり、西部軍派遣軍から県知事あてになんかきて、県知事のところに西部軍司令部の、福岡にありますが、そこに幹部候補生のいわゆる招集《ママ》された将校が、中年将校が、民間人のような将校でしたが、戦争には使えないような、そんなのが、まあ事務屋ですね、それが県庁に電話かけてきて、そして県にあしたくるとかいって県にくる。そして私も県庁へいって待っている。

そこで命令伝達がある。宛て名は県知事だ。すぐ書類だけで、形式的に知事、そこで労務報国会の私たちに直接、話をする。だから書類上では、軍司令部の政府軍司令官の大田？

県知事あての陸軍便箋（びんせん）に黒いインクで書いたやつですよね。手書きの。そしてゴム印の「西部軍司令部」と書いた、そのハンコだけ。横にだれかの個人のハンコがあるだけです。

階級もなにも軍事機密ですから、それで「極秘」というハンもある。そして、一つ何々、一つ何々、きまり切った形になるんですね。

（本のうしろに講演記録としてついている記述にある）家内の日記になんとかということ、あれはだれでも、もう丸暗記していますよ。この形式しかなかったんですから。その程度のありふれた形式なんです。

（本の講演記録に「家内の日記」云々ある《ママ》のは）

どっかの大阪の活動家の新聞が勝手に書いた。私は一度も公式にいっていない。そういうものを出版社がページ数が足らんという。あの原稿、二百枚そこそこだった。三百枚ほしいということでなんやかやひっつけたんです。序文なんて私、知りませんよ。全然、知らない。だから抽象的《ママ》ことを書いているでしょう。

ただ、私の本の付録だけは、私が国会図書館の資料として労務報国会の規約です。あれは日本に一冊しかない。偶然、焼き《ママ》残って国会図書館に一部あっただけですから。それを私が確認したのは、テレビ朝日が、だれかが国会図書館でその本を出さしてテレビで放送しました。だから、テレビに映されて公表されたから、焼き捨てられないのです。

（命令書など、戦後直後の焼却の経過）

焼却をなにをしたかということは、これ、大事なんですが、八月十五日以前に、すでに情報として、この南方でどんどん負けていっているでしょ、それ、みんな戦争犯罪で処刑されたニュースは、当時、新聞にはでないが、警察関係には情報として、みんな入ってますから。八月十五日まで、捕虜になったり、処刑されたり、絞首刑になったり、銃殺されたりしてますからね。だから、そのすべて戦争にかかわった将校たちが、軍の動員業務なんて重要なものは、関与した、これは罪になる、と、だれでもこわいですから、軍のそういう業務をやったと。警察の治安だけなら、言い訳もたつが、軍の仕事を日本の警察官はやらされてますので、だから、警察署長も全部、自発的にみんな、証拠隠滅を破壊をいたしていますよ。そして八月十五日に、すぐに県の警察、いまでいう県警本部長ですね、当時は警察部長、労務報国会の副会長でした、その警察部長からの極秘の命令が、警察電話で署長あてにあって、それを内務省内務次官通牒によって秘密の極秘通牒だからということで、すべての動員業務、ことに朝鮮人にかんする動員業務は、完全に私物にいたるまで焼却処分をすること、とくに写真、記念写真、これは文書とか、みんなのですね、いわゆる勤労報国会とかなんとかですね、それから突貫工事成功したときとか、落成式とか、記念撮影がありますよね、そうしたものに朝鮮人が写ってますからね、朝鮮人の班長クラスが。そういうすべての、とくに慰安婦のことは、動員業務にかかわる朝鮮人にかんする、カッコしてですね、その写真をとくに、とか、箇条書きみたいにですね、県の方からきて、これは文章がきまして、ほんで警察署長のところに焼却処分をと、それで警察署長は八月十五日に実行することになるんですよ。もう、みんな残った数少ない署員たちと、もう、下関もあっちこっち戦災のあとで、みんなどうしようもない時期ですから。そういう時で、とにかく残った署員で、これを焼却して海に流せと、いうことでですね、焼却する方法は、ドラム缶で、特殊な油がありましたからね、とくに、そういう油を使って、ドラム缶の下の方に穴をあけて。そういうことは、みんな心得ていますよ。

そしてドラム缶を並べて、警察署の裏はすぐ岸壁で海ですから、下関警察の裏。そこでみんなが、警察署の一階の隅の方には山ほどあるわけですよ。それが。片っ端からそれを。焼けませんわ、油で焼こうたって。一日中かかった。夏の暑いときに。焼け残ってもうめんどうくさいものだから、それを海に捨てるんですよ。これは、なんとか周防灘の方に流れていくから、なあに陸に打ち上げることはない、と。打ち上げたってどうせわからんと。だから、どんどん、どんどんですね、半焼けのものも含めて。それで、かれこれ一週間かかりました。完全に処分するには。そして、その焼却したということを警察署長が支部長ですから、労務報国会下関支部長、横に労務報国会下関支部動員部長の私と、二人で責任者として、証明してハンコついて、その書類を県の警察部長あてに報告書を書きました。

その前にその文書をつけて、どういう方法で焼却し、これを完全にあれする、と。ほいで焼却のそれを該当書類がどうこうした、よそに出た場合のすべての責任を負うものであるちゅうような意味の、それは指定した様式があって、その様式通りの文書を書いて、そして処分したんです。それが下関警察、支部の最終的な業務だったんです。

これは、八月十五日からではなくて、八月の下旬から九月の初めにかけてのことです。

終戦からかなりたってからです。十日以上も二週間もたってからです。そのころ、そういう書類がきた。だから中央からきたわけです内務省本庁から。そして全国にそういう指令をだしたわけです。まだ、マッカーサーが攻めてきてない。終戦直後にマッカーサーきたのは、ずいぶんのちですからね。

（焼きましたとか、焼けという報告書類は残ってないのかという質問に）

残すなんて。自分たちが死刑になると、銃殺されるという恐怖感が、みんな持っているんですよ。そのやった連中が、担当者が。占領軍が米軍が上陸してきたら、銃殺される。その証拠を隠さなければ、自分が捕まる、自分が殺されるんだという恐怖心があった。ですから積極的ですよ。命令を受けたからどうだとか、ではない。

（焼きましたという報告書はどうか）

それは、中央で確認しなければ安心できないでしょう。そのくらい、全部徹底して軍が、軍の高級将校たちは戦犯を一番、恐れてますから。だから彼らは身も《ママ》保全だけしか考えないですよ。敗戦とともに南方でどういう目に将校たちが会《ママ》っているか、連中、全部筒抜けに知っていましたから、高級将校は。だから彼らが自分から、やりますから。県知事以下、幹部たちはみんなおそれている。内務省が直接任命した県知事でしょ。だから、責任は県知事が一番こわいですよ。だから徹底してみんなこわがって、だれも彼もが、私自身も万一、敵が上陸してきたら、無事じゃすまんという覚悟をしてるような状況です。それが戦後、二、三カ月続いたわけです。

　その間、倉庫かなんかあったら、家庭の中にあっても自発的に全員が労務報国会の活動家たち、なにか自分のうちにそんなのがあって、あとでわかったらみんな、命令でやったんだと、業務上やったんだ、しかし、戦争負けたら。それは、どういうことかというと、自分が朝鮮やなんかで知ってますので。いかに敗戦国、中国や敗戦国民が進駐してきた、占領してきた国についにどういう目に会《ママ》うか、なにかいちゃもんつけては銃殺、なんか憎たらしい奴は殺せですよね。

　それをみんな恐れています。だから、なんか証拠を自分らが探すにも、よくぞ労務報国会の規約一冊が国会図書館にあったのは、私も不思議だったんです。

（いっさい吉田さんの手元にないのか、の質問に）

もちろん。自分の命にかかわる場合に、当時の関係者が。なぜ、残ってないかということは、この朝鮮人の動員業務にかんする、徴用も含めて、一般のハンコやなんかをうった、その業務のすべての関係書類は、それが証拠として残るものは、すべて完全に末端の者が自分が殺されると、いう恐怖が、これは口コミで広がりました。南方でみんな銃殺されたのが伝わりましたからね。戦争犯罪ちゅうですかね。

ともかく自分たちが中国でやったことは、今度逆ですよね。だから負けたら連中は、日本に上陸してきたら真先に、そうした軍の動員業務をやったような民間人を軍人と同じ罪で殺される。いうことで、みんな恐れて、末端の者も日本全国やったから、完全にないんです。

（吉田さんの部下の人はもう証言者として出る可能性はないか）

これは実は十年ぐらい前にですね、私は過去の部下たち、出版社からですね、出版したいという話があったころ、大阪の本屋さんも話はあった、なんかあっちこっちですね話があって、最終的に「新人物」になったんですが、他の出版社からも話があったりしたときに、部下たちがいっしょにおれたちはみな恐ろしい目に戦後あったと。いつ殺されるかわからんし、これは残そうじゃないかと、だからみんなのあれを、全部当時のことをお互い出さんかと、もうお互い六十じゃないかと、もう隠居しているもののも《ママ》ほとんどでしたから、残そうやという話を、私が山口県になんかでいったときに、集まりますからね、温泉に。そしてみんなで酒の座でそういう話を私が出したんです。二十年も前ごろ。そしたらみんなが、自分はいいが自分の身内、息子やらなんやらは全部、在日朝鮮人とかかわりのあるんだと、業務上。ほんなことをしたら大変なことになるから、いっさい出せんと。ほいから、ここでいま、そんなことを公表したときに自分の孫まで迷惑すると。だから、この山口県では絶対できん。

　大阪にいっているもんがいましたけど、それは別の機会にきく。だれも冗談じゃないと。私のことを「部長」「部長」といっていますから、「部長はまあ、昔から元気がよかったから、部長はしばらくいいだろうけど、部長も気をつけた方がいいよ」ちゅうなことで、それで絶対に自分たちのあれを公表は控えてくれ、と。それ以後、ずっと連中と、一年に一回、平均二年に一回ぐらいは、みんなと酒飲む機会は続けてきましたよね、それが続いたのは、三年ぐらい前に従軍慰安婦問題がマスコミに載りだす前までですよ。

あれ、載りだしたときから連中が、ちょっと、あのマスコミにみつかるとまずいから、しばらくちょっと文通を控えるからという電話くれたものもいるし、くれなくて、そのまま年賀状、暑中見舞いはこなくなったのが全部です。

ところが、それでもまだ十人ばかり仲間が、電話でその後、あるんです。その連中がそのうち、半分は息子さんたちなんです。中小企業やっている。そのうち大部分が土建業です。土建関係業。建材屋もいますからね。その連中が、私は二年前から、なんとか慰安婦が、これだけ慰安婦が何人か発見されたし、連中に、日本政府、金出しゃせんというのはお互い見通しがつきますもの。まあ、二、三年前から出すはずないわと。それはもう過去を知っていますから。（つづき）

〈吉田清治さんへのインタビュー〉②

サハリンの朝鮮人の場合にもなかなか。絶対これを出さん。そうすると、おれたちの場合なら死ぬ前に、みんなで金出し合って、金を送らんかと。これをおれたちで戦後補償金という名前で支払わんか、と。

（名乗り出る元従軍慰安婦は）わずか二十人か三十人じゃないかと。そのくらいしか、いなかったんですよ。ほんな何百人いるわけがないじゃないか、多くで二、三十人。出てこんやろう二十人くらいかな。これ、三年ぐらい前からの話です。二、三十人なら、まあ一万円で二、三十万だ。そうすると一年分だって二、三百万じゃないか。そうすると、一年に二、三百万ぐらいは、みんなでださんか、という、これは私の意見。酒の座でみんなにどうかと。お互いになんとかちゃんとメシ食っている。一年間に二、三百万ぐらいは、ちょっと遊びにいったってその位の金は使っているじゃないか、一人で。みんなで二、三百万ぐらい、こりゃ、おれたちみんなで死ぬまでやって、死んだあとの金はだれか少し寄附金集めんかい、と。

そうすりゃ、なんとか続くんじゃないかと。相手もそう長生きしやあせん。十年も生きてりゃ、いい方だろうから。たいした金かからん。

そのくらい小遣いで出せるじゃないか。それで納得させて、なんとかしようとして、やっとことしになって、名前づくり、ほいで、そういうふうな組織体にして、ことしの八月十五日から開始しようとしてたんですけど、あの内閣が変わったりしたでしょ、七月に。ちょっと様子みようと。今度の内閣は、社会党もよく入っているから。戦後補償、慰安婦の補償、かたづくかも知れんぞ、と。そうなれば、おれたちは、わずかな金、持ち寄ることもない。本格的にあの裁判起こしている、二千万づつ、みんな、政府が出せば、なんでもないだ。

　これは、もうちょっと様子をみよう、ということで延ばしたわけなんです。

　そしたら八月末ごろになって、絶対に出さんということを国会答弁で。そういう基金も作らないと。しかも野党になった自民党の新しい総裁が、本会議で質問で戦後補償をやるのかやらんのかと、やりませんと、はっきりですね。それをいわせて、いわゆる日本の全政党が「やらない」と、世界中に明言した。そういう意味で、私がじゃスタートしようと。(「日本共産党はのぞいてでしょう」で《マ》しょう《マ》と質問)うん、除いて。

　そういうときに大阪の産経新聞の取材があった。取材依頼があった。それで大阪からくるというので、だから「産経新聞なら断る」と。一年前からしつこく、あの正論なんかなんだと。それから文芸春秋と新潮社と。全部、産経新聞の個人攻撃。まだ、個人攻撃の材料探しかと。「大阪違います」と。「人権考」というシリーズのなかの、最終的なところに吉田さんの済州島でのことをこちらは、事実だという前提で書きます。私が「そんなことできるのか」と、「もみつぶしになりゃせんか」と。「大阪は独自の編集権利を持っています」と。「じゃ、それなら、こい」と。それで彼もここで話したんです。そして、ここでインタビューして、ここで三時間からテープとって持って帰って、そしてあの記事書いたんです。（記事のコピーは送ってもらっている）

そして、その終わりの方にこの援護会で、一万円づつを取り合えず薬代というか、医療費として支払いたいという記事を書いたんです。

ところが、それがやっぱり、反発食ったらしいですね。

（吉田さんがかかわった慰安婦の数はいくつか）

これは、もう二十年ばかり前に本を出すときに、みんなにきいたんですよ。自分たちは覚えてないんですよ。毎日業務でしょう、三年間。極秘でやっているし、いったい自分が動員の最高責任者ということでやった。男の場合、何人だろうかと、労務者、何人徴用かけたかなと、朝鮮から引っ張ってきたかなと、みんながいう数が、一番すくない数が、約五千人です。女の一番少ない数が九百五十人です。ところが、ほかの多いのは、女三千人ぐらいで、男一万人こしているというんです。だけど、一番少ないのを書いたわけです。二十年ばかり前にみんなで酒の座で、それぞれの数を。ですから、それより少ないと、部下たちが全然、いまから二十年ぐらい前ですから、約戦後三十年ぐらいたって六十歳ぐらいの部下たちが、みんなの記憶で、一番少ないのが男五千人、女九百五十人という。最低の数字です。「そんなもんか?」とみんなからいわれた。一人がそれくらいといった。だから、その一番少ないのを書いただけなんです。

(朝鮮から下関に連れてきて、そこから先は)

下関に連れてきたときですね、女は倉庫に入れられるんですが。下関着くことは警察電話で連絡ついていますから、軍の方が私たちが連れて帰る一週間も前から、二週間も十日も前から、南方から軍属がきてました。ほとんど、軍属が迎えにきてましたから。これを正規の軍属、下士官待遇の軍属。多いときには七、八人、十人ぐらいきとるのがいますね。

こっちの人数しだいですけど。

下関には御用船がたくさん着いている。すべての船舶が軍に徴用されてですね、もう昭和十八年ごろ、ふつうの汽船、遠洋航海できる船は一隻残らず、軍艦のような色に塗っている。軍艦と同じ色。敵に発見されるから。いまの自衛艦の色。ああいう灰色。

普通、赤とか白い船もありますよね、昔、汽船ですから。遠洋航海できる貨物船の全部が一隻残らず徴用された。船員はみんな首。だから、それが関門海峡に何隻もとまっているんです。

そして、それに一定の集団が、いっしょに何十という船団を組んで、護衛がついて、軍の極秘の出航命令のときに、いっしょに出てくる。だから、慰安婦が着いたときには、関釜連絡船で慰安婦をあげると、一応、引き渡しを、あすこにあった七四部隊という、その営庭で引き渡す。

そこで引き渡すと、その連中を岸壁までいって、岸壁ではしけに乗せて御用船に積んでしまうんですが。その間は普通の、女子艇《ママ》身隊が工場なんかにみんなどんどんいってましたから、女学生がみんな女子艇《ママ》身隊で、モンペとか着物とか、あんな服装をさしているんです。全部。頭巾かぶらせて、あのかっこうを全部さしているんです。

少なくとも釜山、関釜連絡船に乗せる、釜山に着くまでにやってましたけれどもね。完全にもう、そのかっこうをさせて、そして一般の地方人がみて、全然、違和感のない、なんというか、そういうふうにみえない、だれが、そういう連中が、どこにいくかなんて、あの当時の一般国民が関心を持つなんて、感覚がないんですよ。

第一、すべてが軍事機密ですよ。国家のために働いている。自分たちの町内会から勤労奉仕いっている時代でしょう。だれもかれも。自分の家族、親戚、みんな招集《ママ》で出ている。ですから、行く先もなにも、初めから、私自身もそれは知らん、軍事機密。行く先がどこなんて、わかるわけがない。これは、みんな口にしません。初めから、どこにいくためのどれということもわからん。何人何日まで、その期日だけ。

（慰安婦として連行された女性も、口コミで知られていたと説明。逃がさないために鉄砲は持っていたかと質問）

鉄砲なんか持つもんですか。あのころに民間人が鉄砲なんか持たしてくれない。足りないんです。（労務報国会は持っていないのかの質問）全然。現地の警察官だけが、それも日本人しか持っていない。いわゆる警部補以上。

あのころ、武器が警察官といえども民間人でしょう。軍人以外の警察官に、武器が数が足りんで。朝鮮人巡査はサーベルだけ。

(慰安婦狩りでは武器は何との質問に)

女なんてみんな腕力で。けとばしゃ。だって女ですよ相手は。あのころの日本人が朝鮮人を大の男でも、朝鮮人に向かうとき、日本人の迫力は下郎の扱いですから。残酷なんて言葉は連中の意識にないですよ。

それは反抗したら殺されるというのは、日韓併合中からもう先祖から、もうそういう目にあってますから。だって日本人とケンカして、日本人をケガさせたら、殺されてますよ。朝鮮半島全部、日本人とケンカして日本人をケガさせたら警察に連れていかれて、みんな殺されている。そんなの裁判なんかしやしません。

だから、日本人が徴用ということは、彼らにとっては逃れる道はない。これは連行以外のなにものでもない。

それと、慰安婦の問題ですが、武器使用なんてことを、女を連行するときに、それだけ日本人の警察官が日本人の男たちが、私の部下たちが、みんな気の荒い連中ばっかりで、私も若かったたし。これ、（木の棒なんかで）なぐったりして傷物にしちゃまずいから、けとばすなり。それと、誰か最初の奴をですね、極端にいやあ、なんかちょこっと恥ずかしいかっこうをすりゃ、両手で足を突き飛ばして倒しておいて、両足を片方ずつ。そこへ広場に二、三百人、部落民がいるでしょう。その前をひこずって警察の護送車のところまでひこずる。これほど、女をはずかしめ、最初一人引きずっていって、ほおりこんで、次の女たちは、ワアーとトラックの方に自分から走っていきますよ。そんな目に会《ママ》えば、死ぬほど、つらい。

あの当時の朝鮮人の田舎の家庭の妻ですよ。ひとりもですよ。その衆人環視の前で。これはちょっと考えられんことでしょ。

（トラックはどこのものかの質問に）

警察に全部、軍が払い下げたですね。朝鮮半島は併合以後、警察が統治してたんです。

警察によって、朝鮮人の取締り、行政まで警察が、戸籍事務まで警察が握っていた、実質上。だから、地方行政は実は、実質的には所轄警察署が握っているほど、昔からあったんです。それは、ちょっと、役場みたいなものはありましたけれど。実権はそうです。だから、当然ですね、犯人護送車が十分、軍と同じものが、朝鮮軍と同じものが、各警察署、どこでも警察署にはたくさん、配備された。つまり、朝鮮でどういう反日暴動が起こっても、一挙に鎮圧できる、検挙できる、そういう体制のための護送車だけは。連れていくのは護送車以外の車はありません。だから、男の徴用もあの護送車、トラックですよ。トラックに幌つけただけなんです。

陸軍と同じもの。

列車には、先に連絡がいっていますので、向こうもわかっている。駅の連中も、日本人が責任者でおりますから、朝鮮人の駅員もみんな顔わかっているから、こちらが着いたときは、そこにはもうたくさん朝鮮人巡査が逃亡を防ぐために、全部あっちこっち囲んで。ちょうど、あのナチスの戦争映画のようなもんですわ。逃亡なんて不可能ですよ。

その前にみんな腹ぺこにしてますよ。基本的に徴用でもなんでも、これがいかに強制的だったか、基本的なことを一つ追加でいっておきましょう。

この前、食料通牒《ママ》のことをはなさなかったかも知れないけれども、食料管理はですね、太平洋戦争、昭和十六年以降、昭和十七年ごろは、十七、十八、十九、二十年の敗戦までは、朝鮮半島も日本列島も、ヤミ米なんて絶対に手が入《ママ》らないし、配給、完全な配給制度で、これは厳守されていました。だから、下関に着いても、民間人がこれを慰安婦や売春婦を商売で連れていくことは、下関に着いたとたんに、何食べさせますか。その前線までいく間。それと、朝鮮の国内だって配給ですよ。

南朝鮮では強制的に全羅道で綿作らせたりなんかしていた。端境期は米がなくて飢え死が出ているような状態のときに、そのときに山間部の僻地から女たちを連れだしたときに、彼女たちが売春婦として業者が連れだすとしても、彼女たちを、四、五日食わなかったら死んでしまいますよ。水だけ飲ましたら。だって下関に着くまでは四、五日かかりますよ、どんなにスムーズにいったとしても。つまり、民間人では不可能なんです。警察なり国家が政府が朝鮮総督府の行政機関がすべて、取り仕切り、最初からやらなければですね、食料自体がだめ。そして列車に乗せることもできない。部落から連れだすこともできない。まして、釜山で日本いきの関釜連絡船に乗る、これは厳格な統制があるんです。

それに乗せるなんて絶対に身分証明書がなかったらだめ。国家がやらせる。だから、民間業者がやったというのは、昭和十年以前の話です。まだ、日清《ママ》戦争が始まる以前、昭和十年以前にいわゆるまだ日本で遊廓健在の、そのころ朝鮮半島から日本人の女を買いにいく業者がいたというだけの話で、それ以外に、昭和十八年以降にありえない。全然そういうことはないという証明、そこを強調してほしい。

（原稿の書き方について）

私のいままでの、ここのインタビューでの私の証言はすべて、「赤旗」出版局でいっさいどんな出版物に自由に、それを私が目を通さなくてすべて、みなさんが自由に筆を入れて公表してかまいません。これは信頼関係でいきますから。それは、あなたのところが、過去七十年か八十年か知らんが、七十年間のあなたのとこの過去の信用を私はそれを信頼します。だから、すべて自由にどんな出版物の自由にしてください。ただし、私がおたくの出版物に応じた最大の理由が、この前もいったように、この募金活動のためだけだったんです。動機が。だから、この前の記事は募金にならないと私の仲間たち、若い連中も非常に失望してますし、だから今度の最初の記事から、かならずですね、振込口座番号と募金の趣旨、かんたんにつけた、これを目立つようにかならず紙面でやってほしい。これが条件です。これだけです。

（本名について）

偽名というより、私が三十年間、使っている、朝鮮には通名というのがありますね、私にとってもこれが通名で、三十年間、私はどこにいっても、この名前で応じています。ただ、いろんな法的に必要なものだけは別のあれしております。だから、その本、その他、私がマスコミに公表する義務があるのは強制連行にかんするものだけであって、私が本を出したから、十五年前に一般の民間人が本を二冊出版したからといって、その本に書いたことがけい《ママ》からんといって、徹底的に個人のプライバシー侵害になるほど、先日はテレビ朝日が「朝まで生テレビ」で吉田清治さんに一言あると称して、私に無断で、個人攻撃。いかにも経歴詐称のような、私は経歴なんか公表したことないし、その義務もない。

そうした攻撃をごく最近のテレビ朝日の「朝まで生テレビ」で堂々と。そういう放送をすることをテレビ朝日が私に。「朝まで生テレビ」というのは、非常にあそこでは有名な番組です。その番組で、かってに去年の夏、あの局が映した私の、ソウルにいったときの映像を三十秒ばかり加害者としてパッと映して、そして今度その慰安婦問題の討論になったとき、私攻撃をよってたかって大学教授とか称する連中が。

本名その他、いっさい戦後の経歴、これはマスコミに、強制連行にかかわった私の仲間、部下たちと関係した業務に私はいっしょに、働いた経験があるから、過去の経歴、戦後の私の経歴は絶対に口外しない。

第一、私を攻撃する連中は、一民間人が二十年前、しかも発行部数が済州島のあの出版部数は今日まて《ママ》かかって五千部しか発行していない。たった五千部がですね。しかも、最近まで三千部しか、過去十年間で売れていない。それをなんでみつけだして、それについての攻撃を全マスコミを動員してなぜ、するか、その目的はどこにあるか。

そうすると、いったい日本に十年前から、どれだけ、そうした日韓問題の著書が出ているか。万の数がでています。それをなぜ、たった三千部しか発売されていない本を探しだして攻撃材料に使うのか。

これは、だれがみつけだすのか。その本を訴訟のときに韓国の従軍慰安婦の支持する支援団体が、ソウルの日本大使館に陳情するときに、こういう事実、本も出ていますといって、それを話したらしいんです。

それで外務省が知ったわけです。それ以外、あの本のことを知った最初は外務省しか知らないですよ。だから、政治家なんかはね、あんな本読む奴は一人もいないんですよ。だから、こんなもの、いまだかって自民党の議員で、一人も私の本を読んだ人はいない。党本部の諸君もだれも読んだものはいない。

そうすると、外務省の連中だけなんです。これを知り、これをつかみ、これを問題視し、だから、それが外政審議室以外にはないのです。これは、私の支持者の仲間たちは、学者もいますし、在日韓国人の大学の先生もたくさんいますから。そういう連中が非常に調べて、外政審議室以外には、ありえないと、結論が最近、そうなった。

（通名を使っている）私の場合は、やはり、強制連行がこわくて、なにかそう迫害を受けそうで、いわゆる親が私に強制連行によって炭鉱で死んだ息子、家族がいるわけですよ。山口県、九州には。三十年ごろ前から私も気をつけだして、それを使いだしたわけです。どこへいっても。名刺にもそういう。危害を加えられる、その怖さで通名をつかったのです。私の場合は危害を加えられる、復讐される、そのこわさで、通名を使った。私は小説を書くつもりもなければ。なぜ使ったかは、三十以上前から、それを使ったというのは名刺も使い、表札にも出した理由は生命の危険があったから。

（「慰安婦狩り」の地域は済州島で間違いないかという質問について）

済州島でやっているから、私が済州島にいったとき、命がどんなに危険かとなった。

（山口県の労務報国会下関支部ということは事実か）

これはもちろん。でなけりゃ。いまから六、七年前にですね、私は下関にいって、これは徴用朝鮮人の遺骨が下関に保管してあるんで、その遺骨の送還の運動をやっていたときだから。下関市長室にいって、山口県のマスコミに、あのときは朝日、読売の支局の連中も含めて、何十人、テレビも全部、西日本の方から下関へ市長室にきて、あそこに二時間ばかり、あれし、みんなゾロゾロついてきて、その遺骨のこととか、なんとかまわり、当時の労務報国会の業務の説明をしたりして、それ放送されたから、一泊したときにだれかが名乗ってくるかなと思って、そして帰ってすぐに「あの吉田さんのテレビもみたし、本もみた。私たちのことをもらさんでくれ。はらはらしましたよ」という電話をもらった。

（本の中に書いてある年月日は事実か）

だいたい、当時、書くときに相当部下と相談して書いているから、間違いないです。

（フィクションのところはどこか）

宇部の労務報国会というのが宇部でないかもしれんし、徳山の労務報国会のだれとかとか、県の労政課長がいってる、それも全然、労政課長ではない。そういうのをつけると、わからんようになるから。私以外の登場人物をフィクションにしているわけです。

ところが、これは強制連行そのもの、被害者側からみたとき、それはだれであろうが、本人であろうが別の人間くっつけてやろうが、いっさい被害者の、自分が連行された、その日時、場所なんかは、被害者側からみたら全部、事実だ。加害者側としてごまかしているが、連行された被害者側からみたら全部、どこもウソはない。被害者側からの記述は全部。これだけは事実です。

（本名は政府、警察ＯＢは知っているのではないかという質問にたいして）

警察当局は知っていますよ。全部、知ってますよ。

それから、もっと、ゼントカン時代に、あそこに謝罪碑を建てさせたことがある。これは一年半ぐらいかかったんですよ。そのときに居留民団関係ですね、民団関係の婦人部やらなんやらそういう連中のところに私は出入りしていた。そっちのあれで、韓国側に謝罪碑を建てさせてくれという、民団系から私は陳情したわけです。

そして、それからやったら、今度は一応、東京の領事館筋の調査を終わったら、本国の安全企画部が私の身上調査をやって、その結果でない《ママ》とわからない、半年ぐらいかかりますと。そして半年ばかりしてＯＫが出たんです。だから、韓国の当時の、いまから七、八年から前に、ゼントカン全盛時代、その時に私が北との関係があるかないか、徹底的な身内にそうしたあれがあるかないか、これは韓国の軍情報に当たるような徹底的な調査が、私におこなわれたときに、もちろん、韓国も米軍のＣＩＡも使っている。みんな共同作戦ですから。完璧な私の身上調査ができて、それで許可になったんです。私が労務報国会でそういうことをやっていなかったら許可にならないんです。だから、それで全部許可になり、そうしたことがあるから、私がいまの済州島にいくときに、済州島の警察署長、それから、すべてが特別警戒した。(それを当時の韓国のマスコミは韓国全国に報道している。それをみれば、フィクションでないことは明らかだ)

(警察のOBの証言について)

あのとき、警察のOBといったって、警察官が向こうにいったんじゃないですよ。ただ、きいただけですよ。署員として、当時若い署員がですね、そんな軍事機密をね、知るわけないですよ。動員業務の実態をただ、あのとき、たくさん連れてきた、やったあのときの動員部長だなという程度しか知らないんですよ。吉田という動員部長がおったな、その程度なんですよ。だから、あいつはひどいことをしていた。

(「あれ、吉田も通名でしょう」という質問に)

吉田は本名です。

（「下は雄兎であったとかいういい方をしているが」「選挙に立たれたころには、それに近い名前で雄免と書いていていますよね」という質問に）

ええ、それをだれが、わかるかといえばですね、これは、いまの内閣調査庁《ママ》かなんかの、ずっと運動してですね。戦後の第一回の地方選挙でしょ。その時に私が共産党から、公認ですよ、あそこの地方委員会、地区委員会というのは戦前からの連中ですよ。秘密党員ですよ、地方委員の連中は。その連中が私を承認するわけがないでしょ、公認で。前歴がほんな特高畑の人間だったら。そんなのですね、戦後、最初ですよ、あれ、昭和二十一年じゃないですか、たしか最初は。（「昭和二十二年です」と回答）二十二年ですか。二十二年ごろですね、そのころですね、なんでですね、戦前の何かのあれがなかったら。では、どういうことかということはですね、戦前になにかの私が、非合法な面になにかの協力がなかったら、だれかその一人が推薦しなかったら、だれか一人、口をきかなつか《ママ》たら絶対にその、私のあの戦争中の経歴、すぐはなんもしてないでしょ、そんなものを戦後入党してもいないのに、いきなり私を公認で出るという話を持ってくる。私も仕事がないときだったし、市会議員にでもなれればメシが食えるかと、それでやったのも、実はだれかの保証人がなきゃ。党とはそんなもんでしょ。

当時の非合法時代の人があなたの中にいるはずでしょ。当時の山口県なんていうのは、とくに重要拠点でしょ。いわゆる、党を除名された人たちも山口県出身、多いじゃないですか。その人たちのいろんな連中をですね。そして、あそこで私のような、情報、特高の動きを精通し、憲兵の動きを精通していたものが、連中の非合法活動家の関門通過にですね。想像つくでしょう、それから先はいいませんが。私がどういう活動したのか、私はいっさい死ぬまでいいませんが、そうしたことが、私に戦前に何かが、そこをですね、いまの戦後の公安関係は気がつかないんです。そこを気がつかんで戦後、いまのように合法政党と、初めから合法政党のように思っていますから。戦後すぐ、マッカーサーの命令で合法政党になっただけで、だって、そんなほとんどの地方にいたる地方委員会の中心は全部ですね、県単位の常任委員会は、かならず戦前の非合法のときの、それこそ命がけで生き残ったものがかならずいましたよ。それがいなけりゃ、地方委員会できませんもの。戦後の第一回地方選挙のときに。地区委員会から公認の市会議員のときに、公認というときにだれとだれというときに、地方委員会でＯＫが出ますか。

〈吉田清治さんへのインタビュー③〉

（これからはテープ録音なし、メモによるおこし）

戦後直後の活動については、関係者には死んだ党員の名前も出てくるし、それを傷つけることはいいたくない。あの非合法時代に経歴云々なんていえない。戦前、戦後の私的なことはいわない。

下関のシントミ座で山本利平さんと野坂参三さんと話した。初めて下関に野坂さんがきたときだ。そのときは、戦後すぐで私は特高、憲兵の肩書のままだった。秘密の会議だった。これが戦前の私の活動の証明である。

慰安婦の中にも在日の中にたくさんいる。これも死ぬまで公表しない。

私は十月十五日で八十歳になった。

私は十一月末にバチカンにいく。日本の外務省の手足がでないところで暴露をしたい。その一つは、アメリカ人シスターが慰安婦にさせられたことを暴露すること。もう一つは、イスラム教信者を教会の中で集団で強姦したことだ。

こういう国家犯罪をこれからも私は暴露しつづけたい。

社会党の女性議員が慰安婦問題を取り組んできたが、バタッととまった。それはなぜか。日本の外務官僚のせいだ。外務官僚がいま、PKOなど、日本の軍国主義をすすめている。国家犯罪を暴露する吉田を支持してほしい。

社会党のバックにいる日本中の労働組合をふくめて、運動をストップさせたのは何か。外務官僚だ。それを倒すために世界のキリスト教とイスラム教に助けを求める。それをやれば、ねらわれる。私が死ねば十一月末か十二月初、別の人間が会長になる。すでに遺言状をつくり、後継者に渡している。

〈九三年十月二十五日、吉田さんへの電話メモ〉①

（済州島の慰安婦狩り問題で、戦後、済州島事件があり、証言者がいなくなっているという問題について）

戦後の済州島事件というのは、北のスパイとして済州島民がたくさん虐殺された。また、戦後、済州島の住民は、日本列島、とくに大阪に流れついている。昭和二十年から密航が多い。働ける者はほとんど、日本に同胞を頼ってきている。大阪などでスリッパなどをつくっている。ちなみに大阪の在日の四分の一が済州島出身である。そういう現実がある。

済州島では生きていけないので、みんな戦後逃げだした。現在、島にいるのは本土からいったものだ。

だから村の古老といっても、その部落にずっと住んでいたわけではない。だから当時のことを実証できるものはいないのだ。

第2章

〈資料解説〉

吉田証言は本当に虚偽なのか

初公開の赤旗インタビューで浮かび上がった新事実

第1節　なぜインタビューの吉田証言全文を公表するのか

朝日新聞は2014年8月5日付で、同紙のこれまでの従軍慰安婦報道を検証するとして、韓国・済州島で「慰安婦狩り」をしたという、故・吉田清治氏の証言を「裏付け得られず虚偽と判断」と全面否定し、関連記事すべてを取り消すなどとする記事を掲載した。安倍晋三首相の長年のメディア攻撃に屈する形で掲載されたこの朝日の記事は、産経新聞や読売新聞、週刊文春、週刊新潮など、右翼タカ派メディアによる「売国」などとレッテルをはる激しい朝日バッシングを引き起こした。

書店の店頭には、この種の朝日攻撃本や雑誌が山と積まれ、飛ぶように売れているという。吉田証言や慰安婦問題の報道にかかわった朝日新聞の元記者らには、在職の大学教授などを辞めなければ学生に被害が及ぶとする脅迫電話やメールなどが殺到するようになった。

そうしたなかで、日本共産党中央機関紙「しんぶん赤旗」は同年9月27日付で「歴史を偽造するものは誰か――『河野談話』否定論と日本軍『慰安婦』問題の核心」と題する無署名論文と、それに添付する形で「『吉田証言』の記事を取り消します」と題する「赤旗編集局」名の訂正記事を掲載した。

その内容は右翼タカ派の論客・秦郁彦氏の調査論文や、それを紹介した産経新聞の記事、吉田氏を「職業的詐話師《さわし》」などと人格攻撃する１９９６年の週刊新潮の記事を根拠に、吉見義明氏の著書を恣意的に引用して、吉田証言を全面否定するものだ。

取り消された吉田証言の記事とは、赤旗日刊紙92年1月17日付と、赤旗日曜版92年1月26日号、そして私が書いた赤旗日刊紙93年11月14日付の、３本の記事である（**本書巻末に記事を引用**）。

日曜版92年1月と日刊紙93年11月の記事は、いずれも無署名の記事で、前者は私ではなく、別の記者が取材して執筆した。92年1月の日刊紙の記事は署名入りだが、外部執筆者によるもので、吉田氏の著書の内容の紹介である。

14年9月、赤旗の検証記事が出る約２週間前に、吉田証言の記事を書いた元赤旗記者の私に、赤旗編集局の担当者から電話があり、朝日の検証記事を受けて赤旗編集局でも、その検証を始めていることが伝えられた。当時、私は取材資料を探していたが見つからず、約20年前の記憶を頼りに吉田証言は信頼できるものだとしか主張できなかった。

テープ起こしなどの取材資料を発見したのは、赤旗の検証記事の発表から3日後の9月30日であり、赤旗の検証記事にそれを生かすことができなかった。この吉田証言の取材資料は翌10月1日に赤旗編集局の担当者に手渡し、検証記事の再検討をお願いした。

しかし、その後の赤旗編集局の対応は、まったく残念なものだというほかはない。最悪の事態だが、故・吉田氏が命がけで行った証言をこのまま、歴史の闇に葬るわけにはいかない。取材テープ起こしなどの取材資料を洗いざらい全部、緊急出版して、国民の判断にゆだねるべきだというのが、悩みに悩んだ上での私の結論である。

吉田氏は今回公表するインタビュー証言の中でこう言っている。

「私の証言はすべて、『赤旗』出版局でいっさいどんな出版物に自由に、それを私が目を通さなくてすべて、みなさんが自由に筆を入れて公表してかまいません。これは信頼関係でいきますから。それは、あなたのところが、過去七十年か八十年か知らんが、七十年間のあなたのとこの過去の信用を私はそれを信頼します」

そこまで信頼してくれた吉田氏を、日本共産党は今回、全否定し、裏切ってしまった。現在の日本共産党は、このインタビュー証言を出版する権利を放棄したに等しい。だから、私が今回、同党に代わって赤旗インタビューの全文を公表出版することにした。他界にいる吉田氏もきっと了解してくれると思う。

第2節 インタビュー時の時代状況

ここに紹介するのは、吉田氏が93年10月4日と同18日、同25日の3回、「赤旗」社会部記者であった私のインタビュー取材に答えた、証言の記録（順番に面接取材2回と電話取材1回）である。面接取材は2回とも、千葉県我孫子市の同氏の自宅近くの喫茶店で実施し、そのうち1回は、吉田氏の支援者と名乗る男性が同氏に同伴していた。

この取材による報道は、同年10月14日付の「『挺身隊国際援護会』が医療費基金を設立」と題する記事と、同年11月14日付の「国家の力で『慰安婦狩り』」と題する記事で行った（**本書巻末に記事を引用**）。

私が書いた記事2本のうち、最初のものは吉田氏の証言ではなく、同氏が始めた元慰安婦（以下「慰安婦」被害者に表記を統一）の救援募金のお知らせである。証言そのものの記事は2本目だが、紙面の都合などにより、数時間に及ぶ膨大な証言のほんの一部の紹介にとどまった。いずれも無署名の記事である。

記事の日付を見れば明らかなように、初回の取材から証言記事の掲載まで、約1カ月と10日が経過している。これは、担当した記者の私だけでなく、上司の点検も受けながら、慎重に検討した上で報道を決断したからだと思われる。ただ、当時の私は単なるヒラ記者であったから、デスクや部長など、上司の検討の内容は、直接的に知る立場になかった。しかし、吉田氏がインタビューの中で要望した「原稿の書き方」に沿って、その証言記事がその後、紙面に掲載されたことから考えると、吉田証言の信憑性《しんぴょうせい》は慎重に、かつ組織的に検討され、信頼できるものという判断があったことは間違いない。

当時、吉田氏をめぐっては、日本の侵略戦争の事実を否定することに躍起になっていた右翼タカ派の論客たちが、吉田氏のプライバシーまでを徹底的に暴いて攻撃していた。

代表的なのは、産経新聞92年4月30日付が歴史学者、秦郁彦氏の韓国・済州島の現地調査の結果を報道した記事である。ほぼ同時に発行された産経新聞社発行の月刊誌『正論』92年6月号所収の秦論文「【連載】昭和史の謎を追う――第37回　従軍慰安婦たちの春秋」

を紹介したものである。また、月刊誌『諸君！』92年８月号所収の上杉千年論文「吉田『慰安婦狩り証言』検証・第二弾――警察ＯＢ大いに怒る」などもある。

その内容は、済州島での慰安婦狩り証言の真偽の検証というよりも、日本共産党への偏見を利用し、吉田氏の人格を貶《おとし》めるようなものだった。

例えば、吉田氏が戦後直後、山口県の下関市議選に日本共産党公認で立候補したことをあげつらい、「元・共産党員、吉田清治氏の従軍慰安婦狩り証言は、真実か。その証言を検証しつつ、その『偽証』実態を明確にする」（雑誌『自由』92年９月号所収の上杉千年論文「総括・従軍慰安婦奴隷狩りの『作り話』」）といった共産党への偏見と憎悪をあおるような文章であった。

私を含め当時の赤旗記者は、「産経新聞なんて信用できない」とほとんど相手にしなかった。しかし、今回、吉田証言にかかわる他メディア関係者のコメントや論文を読むにつけ、彼ら彼女らには、一連の反共雑誌から元・共産党員と名指しされた吉田氏への反共攻撃によって作りあげられたイメージが、その「疑念」を強める大きな原因の一つになったことがうかがわれる。

一方、政府は90年の国会で「従軍慰安婦は民間業者が連れ歩いた」と答弁していた。その中で、日本国内では、家永三郎教科書裁判など市民運動の粘り強い取り組みや、韓国の民主化などの動きが影響力を広げる。

ついに、91年8月、韓国人の金学順さんが初めて「慰安婦」被害者として名乗り出る。92年には、フィリピン、中国、台湾、オランダ、在日、インドネシアの「慰安婦」被害者が次々と名乗り出て、日本政府に対して謝罪と補償を求める裁判を始めた。

また、朝日新聞は92年1月11日付で、吉見義明氏が慰安所の軍関与資料を発見したとする記事を報道した。

これを受ける形で、日本政府は93年8月4日、河野洋平官房長官談話（宮澤喜一内閣）を発表し、軍の関与や強制性を認めた。宮澤内閣は同談話に先立ち、「慰安婦」問題の第一次、第二次調査の結果も発表した。

93年8月9日には、細川護熙連立内閣（非自民・非共産の8党連立）が発足し、長年与党に君臨してきた自民党は初めて野党に転落した。翌94年には高校日本史教科書全社に「従軍慰安婦」が記述される。

こうして、従軍慰安婦の連行・慰安所の運営など、日本国家による強制の歴史的事実を認めさせ、その責任を追及する運動は、一つの頂点を迎える。以上の動きは、「女たちの戦争と平和資料館」編著『日本軍「慰安婦」問題 すべての疑問に答えます。』（合同出版、13年）などを参照した。

しかし、94年6月30日、自民・社会・さきがけ3党を連立与党とする村山富市内閣が発足、自民党は1年にも満たない野党時代を脱し与党に返り咲く。同時にそれは、従軍慰安婦問題追及の先頭に立っていた社会党の大きな「変質」を伴うものであった。

村山内閣のもとで、「慰安婦」被害者への国家補償を棚上げした民間募金「女性のためのアジア平和国民基金」が95年7月19日に発足し、同基金理事長に原文兵衛氏（元参院議長、元内務省高級官僚）が就任した。

村山内閣は96年1月11日、総辞職し、同月に党名を社民党に変更し、社会党は消滅した。その後、自民党が野党に再び転落するのは、09年9月16日発足の鳩山由紀夫内閣（民主・社民・国民新の3党連立）まで待たねばならない。それも12年12月26日の安倍晋三内閣（自民・公明の連立）の発足で短期間に終わった。

今回紹介する吉田証言には、93年8月に発足した細川内閣への期待と失望、とりわけ社会党に対する落胆を語る個所がある。92年4月の産経新聞の吉田氏への攻撃以来、吉田証言の報道に消極的になっていく朝日新聞などへの批判も見られる。これがまた、当時80歳を迎えようとしていた高齢の吉田氏が、92年1月の「赤旗」日曜版紙面以来、再び登場して、「慰安婦」被害者への国家補償を求める運動の先頭に立とうとした動機であろう。

このように、日本の政変とほぼ連動する形で、94年以降、国家犯罪として慰安婦問題を告発する運動は、侵略戦争肯定勢力からの激しい巻き返しに遭っていく。私がかかわった吉田証言の「赤旗」報道は、この運動が一つの頂点に達する直前の93年10、11月に行われた。この時期は、吉田氏が唯一の加害者・当事者として70年代から証言してきた慰安婦の強制連行などの事実が、もう一つの当事者の「慰安婦」被害者の相次ぐ登場や、公文書の発掘、河野談話の発表など、次々と立証されていくかに見える劇的な時期でもあった。

吉田氏は生前、92年に突如として始まった産経新聞などによる「吉田証言は虚偽だ」とする攻撃に、朝日新聞などのメディアの取材では、今回の赤旗取材を除き、いっさい反論しなかった。それは、当時の時代状況が、吉田証言を事実上、裏づける勢いだったからでもある。

この構図は、いまでも変わっていない。公文書の発掘でいえば、当時よりも現在の方がむしろ吉田証言を事実上、広い意味で裏づけるものが多く出ている。少なくなっているのは、加害者や被害者、つまり当事者である。吉田氏も2000年7月に死去し、「慰安婦」

被害者の女性も次々と他界している。安倍政権を〝震源〟とする今回の吉田証言否定の動きは、そうした当事者の相次ぐ死去につけ込んだ卑劣な策動と思えてならない。

今回公表の吉田証言には、産経新聞などの攻撃に反論する新たな事実もいくつか盛り込まれている。当時、私はこの事実を記事にしなかった。裏づけが取れないだけで吉田氏を「詐話師」とし、またその証言を「虚構」だとレッテルを貼る秦郁彦氏や産経新聞などの批判の手法は、あまりに低劣で非論理的であり、反論する価値もないと思ったからである。

しかし、現在ではそうはいっておれない。吉田証言のインタビュー資料全文を公表するのは、息を吹き返したかに見える産経新聞らの卑劣な攻撃に徹底的に反論するためである。

第3節　言及されている事実の分析

「裏付け得られず虚偽と判断」という認識論は大きな誤り

私のインタビュー取材に答えた吉田氏の証言には、まだ世に出ていない新事実がいくつかある。いずれも、これから裏づけ取材などがされていかなければならないものだが、貴重な証言であることに間違いはない。

朝日の吉田証言検証記事が有名になる中で、危うくなっていると思うことがある。それは、歴史上の事実認識での当事者の証言の重要性である。朝日の検証は、吉田証言について「裏付け得られず虚偽と判断」という論理で全否定してしまった。歴史を記録するジャーナリズムの認識論として、大きな誤りに陥っているといわざるをえない。

そもそも新聞記者は、事件・事故に関係した様々な人を取材し、その人が話すことを使って事実を記録するのが仕事である。その中には、当事者だけしか知りえない事実もある。

その当事者の話と同じ話をする人が他にいないからといって、それは事実でないとか、それはウソだと言い始めれば、新聞記者の仕事はできない。

確かに、大きな事件で、その証人が１人しかいない場合、裏どりに心がけるのは、新聞記者の姿勢として大切である。しかし、裏どりとは、それができなければ、その証言がウソになるという性質のものではない。矛盾した証言が別の当事者から出たら、今度は、どちらが正しいかを検討し、必要なら、さらに別の当事者を探す。それが真実を探求するジャーナリストの取材方法である。

だから、済州島に行って慰安婦狩りの裏づけ証言が得られなかったということは、吉田証言がウソという証明にはまったくならない。

もし、住民の中に、「（そんなことは）聞いたこともない」という人だけではなく（当事者でなければ、聞いたこともない住民が圧倒的に多いのは当たり前だ）、「そのようなことはない」と言い切る住民がいたらどうなるか。14年12月22日発表の朝日新聞社第三者委員会の報告書（31頁）には、そう言い切った老人がいたというが、それなら今度はなぜ、そう言い切れるのか、その人の経歴を調べ、その証言の信憑性を調べなければならない。

朝日の検証は、約40人の住民に取材して「（慰安婦狩りは）聞いたこともない」という人がほとんどだったというものだ。これでは吉田証言を虚偽と証明したことにはならないだろう。なぜなら、今後、1人でも「慰安婦狩りがあったことを知っている」という関係者が出てくれば、「虚偽」だとする検証結果はすべてひっくり返るからである。その可能性は依然として存在する。朝日の検証は、認識論的にいって、実に危うい。

赤旗のインタビューでの吉田証言を注意深く読めば、吉田氏は、「裏付けが得られないから虚偽」とする、そうした認識論に、私と同じような危惧を表明している。

済州島の慰安婦狩りを暴露できた理由

以上、認識論の大前提を確認し、吉田証言の個々の主なテーマと事実を以下、インタビュー証言の順番に沿って、箇条書きで紹介し、若干の分析と解説をする。

第1は、植民地朝鮮の人々は、終戦2、3年前から、男も女も老いも若きも軍需産業などの戦争遂行の労働力として徹底的に徴用されていた。このため、植民地朝鮮も深刻な人手不足になり、慰安婦にするための若い女性も、最終的には強制連行していた男性と同様、強制連行するほかになかったということだ。

「(昭和)17年(42年)以降、つまり真珠湾攻撃があってアジア全域を占領したときの労務者不足と、慰安婦の不足に対処するために、強制連行、朝鮮半島からの強制連行は、奴隷狩り中の奴隷狩り(になった)」

第2は、吉田氏らが行った全羅道の従軍慰安婦狩りの暴露は、日本列島に「慰安婦」被害者本人が「なんぼでもおる」のだが、「これを言ったら現在の(韓国に住む)身内、一族が破滅」するからできないと強調した。

第3は、済州島は例外で、その慰安婦狩りの暴露ができると説明していることだ。インタビューでは話が飛んでいて、最後に出てくるが、それは済州島事件(済州島四・三蜂起事件)で昔からの島民の多くが虐殺され、あるいは日本に逃げたため、現在の済州島には「慰安婦」被害者の身内・一族がほとんどいないからだという。済州島出身の「慰安婦」被害者の存在を暴露しても、韓国内に住む身内・一族が破滅することはないという意味である。

吉田氏は、ここで、話が少し横道にそれて、済州島が43、44年ごろ、日本軍の前線になり、陸軍が行政を支配するようになり、慰安婦狩りに直接、銃武装した日本人兵士を協力させることができた事実を話している。この事実は、「慰安婦」被害者の韓国在住の身内・一族の「破滅」を心配することなく暴露できるという性格のものではない。

なぜ、吉田氏は済州島の慰安婦狩りで、銃武装をした日本人兵士を使うことができたことを強調したのか。吉田氏は明言しなかったが、ここにも、韓国社会の「破滅」を心配することなく、済州島の慰安婦狩りが暴露できる事実が隠れている。

それは、済州島以外の朝鮮半島（朝鮮本土）の慰安婦狩りは、銃を持たない多くの朝鮮人警察官などの朝鮮人官僚を動員して行われたという事実である。

済州島の慰安婦狩りの暴露であれば、植民地支配の下で協力させられた朝鮮人官僚が、日本の非道な慰安婦狩りに協力した事実を明らかにしないで済む。つまり、「親日派」として元朝鮮人官僚やその関係者が糾弾されないで済む。80年代の軍事独裁下の韓国社会に新たな対立や混乱を持ち込みたくない。これが、吉田氏が2冊目の著書『私の戦争犯罪』（83年発行）の中で、済州島の慰安婦狩りを初めて書いた当時の認識であったのだろう。

その後、吉田氏は、赤旗日曜版92年1月26日号の記事で、地域は明示していないが、「朝鮮半島に渡り」、「朝鮮人巡査」を使った慰安婦狩りの様子を暴露している。これは済州島の慰安婦狩りの描写ではない。さらに、赤旗日刊紙93年11月14日付では、「全羅道」という朝鮮半島（本土）の地域名を明示し、「日本人警察官が朝鮮人巡査を指揮して」、慰安婦狩りをする様子を証言している。

91年8月に金学順さんが初めて「慰安婦」被害者として名乗り出るなど、朝鮮半島（本土）出身の被害者らの相次ぐ登場が、吉田氏の韓国社会への配慮のあり方を変えていったように思われる。

第４は、朝鮮半島での慰安婦狩りは、男の徴用と同じ方法でやったということ。「全羅道で私が大部分のやった二年間のあれは、男の徴用書いているんです、同じ本（『私の戦争犯罪』の「第二話・光州の男子強制連行」の記述を指すと思われる）に。男と同じ方法でしか、われわれの部下も徴用のしかた知らないんです。女は別の手だてないんですよ。みんな、抵抗、逃げ回る。わめく。村中、パニックになる。部落中」

戦争末期の朝鮮で民間業者が慰安婦狩りをできない理由

第5は、昭和17年（42年）以降に、朝鮮に民間人が慰安婦を集めにいくことが、どうしてできないかを分析していること。一番目は、関釜連絡船のキップを買うのに、業務上の必要を示す公的な証明書がないと買えない。売春業者が慰安婦にする女性数人と乗ろうとしても、水上警察（特高警察の一種）に誘拐罪で逮捕されてしまう。

「朝鮮半島に日本人が自由に旅行なんて、できはしませんよ」「朝鮮語もわからん連中が、（朝鮮の）部落に行って日本人が、そんなもん、袋叩きにあいますよ。だれもみていなかったら。殺されますよ」「金やってから、いい商売になるから」といって女衒が朝鮮半島で女性を集めていたのは「大正時代から昭和、満州事変以前」。「昭和十七年（42年）以降、終戦までの、朝鮮半島で、いわゆる民間人が、あそこから女性も男性も連れ出すには、何らかの官庁の証明書、許可証なし、命令書なしには絶対できない」

第6は、42年以降、日本国内も朝鮮半島も、食料管理が徹底していたということだ。日本人の売春業者が朝鮮半島に行って女性を集めても、食べさせるコメがない。コメは配給であり、買えない、旅館にも泊めることができない。「軍の命令書」があったからこそ、朝鮮半島で慰安婦狩りができたという。

第7は、吉田さんら、朝鮮半島で慰安婦狩りをした労務報国会の職員は、「軍属という身分」をもらい、「徽章のない軍服」を着ていたということ。

第8は、これまでの分析の結論部分で「国家そのものがやらずに（できはしない）、初めから、狩り出すときから、国家そのものの力です。民間の力では部落の駅で汽車に乗せることすら不可能。一人連れ出すのでも不可能、それを五人も十人もどうして連れ出すのか。

それは軍の正式命令書を持っていなけりゃ。それが動員命令書なんです。ちゃんとした司令部のハンコつき」と強調する。

吉田氏の「慰安婦狩り」部隊は陸軍特務機関だったのでは

第9は、朝鮮人慰安婦狩りをした労務報国会の説明。「労務報国会とは、警察組織の動員業務、わかりやすく、警察の外郭団体だった。労務報国会の動員部長は、朝鮮人動員業務の最高責任者であった」という。さらに、この業務が警察の指揮系統にありながら、徴用した朝鮮人の破壊活動などの責任を役人が逃れるために、動員責任者を民間人にするなどの工夫がされていたことも説明する。

日本軍の「動員命令書」を持ち、軍属の身分で軍服を着て、朝鮮半島の朝鮮人警察官と日本人警察官も指揮して「慰安婦狩り」をした吉田氏らの「労務報国会動員部」とは、民間人の組織と言うよりも、〝日本軍の特務機関〟と呼ぶのがふさわしい、秘密の国家機関であったようだ。

慰安婦を集める者を誰にするかという問題では、吉見義明中央大教授が発見した、38年

3月4日の陸軍省作成文書「軍慰安所従業婦等募集に関する件」（カタカナ表記をひらがな表記にあらためた、以下同じ。吉見義明編『従軍慰安婦資料集』92年、所収）が注目される。

その中で「（慰安婦の）募集に任する者の人選適切を欠き為に募集の方法、誘拐に類し警察当局に検挙取調を受くるものある等注意を要するもの少なからさるに就ては将来是等の募集等に当りては派遣軍に於て統制し之に任する人物の選定を周到適切にし其実施に当りては関係地方の憲兵及警察当局との連繋を密にし、以て軍の威信保持上並に社会問題上遺漏なき様配慮相成度依命通牒す」という文章が重要だ。

この公文書は38年の時点ですでに、軍のために慰安婦を集める目的で、女性を「誘拐」する人物が多く存在していたことを明らかにしている。そして、「将来」、警察に犯罪として間違って検挙などされないよう、慰安婦を募集する場合には、軍が「統制」し、「（慰安婦を募集する人物の）選定を周到適切にし」、憲兵や警察と「連繋を密にし」て行うように指示している。

こういう条件のそろった「慰安婦を募集する人物」が、民間の売春業者という身分のままではありえない。吉田氏が「慰安婦狩り」をしたという42年秋～終戦時に、軍が日本国内の警察組織の外郭団体、労務報国会の動員部に目をつけ、それを「慰安婦狩り」をする事実上の「特務機関」にした可能性は高い。

このことは、戦中の警察組織を管轄した官庁、内務省の38年2月23日の文書「支那渡航婦女の取扱に関する件」（吉見義明編前掲書所収）でも裏づけられる。この文書は次のように言う。

「之（慰安婦）が募集周旋等に従事する者に付ては厳重なる調査を行ひ正規の許可又は在外公館等の発行する証明書等を有せず身許の確実ならざる者には之を認めざること」

戦中の警察組織が「厳重なる調査」をし、「身許の確実」な者とする人物が、女衒などの民間の売春業者の身分のままではありえない。出身や外見が民間業者だったとしても身分は、陸軍特務機関員のような国家機関のメンバーだったのではないか。

これらの公文書は92年当時、吉見氏の前掲『資料集』で公表されていたものだが、96年12月19日に警察庁が共産党の吉川春子参院議員に提出した旧・内務省文書も重要だ。その一つ、38年1月19日に群馬県知事（警察部長）が作成した文書「上海派遣軍内陸軍慰安所に於ける酌婦募集に関する件」も興味ぶかい（女性のためのアジア平和国民基金編『政府調査「従軍慰安婦」関係資料集成①』97年、所収）。

この文書は、慰安婦募集に来た業者が「公秩《ママ》良俗」に反するようなことを吹聴するのは「皇軍（日本軍）の威信を失墜」させるとして、内務大臣などに対し、厳重取締を求めているものだが、その業者が吹聴したという次の記述に注目されたい。

「今回支那事変に出征したる将兵慰安として在上海陸軍特務機関の依頼なりと称し上海派遣軍内陸軍慰安所に於て酌婦稼業（醜業）を為す酌婦三千人を必要なりと称し…」

ここには、「陸軍特務機関」という言葉が出てくる。この文書は、群馬県警察部長がこの業者の言うことは怪しいとして内務省本庁に通報したものだが、その後、内務省本庁は、前出の内務省文書「支那渡航婦女の取扱に関する件」で、こうした軍の意向の事実を否定せず、慰安婦の募集を容認している。「陸軍特務機関」指揮下の業者が日本国内で、慰安婦集めをしていたことを事実上認めたように見える。

陸軍の特務機関なら、あるときは「特高」の肩書で動き、あるときは「憲兵」の肩書で動くことができただろう。吉田氏は、自身が特務機関の人間だったとは明言してはいないが、その話にはそれを示すものが随所に出ていると思う。

「（慰安婦狩りは）初めから、狩り出すときから、朝鮮半島で連れだすときから、国家そのものの力です」という言葉と「（労務報国会の動員部の）責任者を、公務員にしてたら、この徴用、動員業務が直接、労務報国会の会長、支部長が直接、やっていたとしたら、県知事、首が飛ぶ」という言葉の矛盾は、「陸軍の特務機関」ということが実態なら、解くことができるのではないか。

80年代半ばの済州島への謝罪旅行の様子

第10は、「（93年の取材時から）七、八年から前」に「韓国のテレビ局かなんかからの招待」で韓国・済州島に謝罪旅行に行ったときの話だ。吉田氏は韓国ＫＢＳなどのテレビ局や光州の新聞社などのスタッフ・記者約15人とともに、慰安婦狩りをした現場を回っている。ただし、住民の反発に配慮して慰安婦ではなく、「軍需工場の女子挺身隊徴用」の現場として回り、報道もそういう配慮をしてされたことを述べている。そのときに、韓国マスメディアの関係者には、それが慰安婦狩りの現場であることが伝えられたというものだ。その説明はリアルであり、ウソとはとても思えない。いまでも韓国側のマスメディアにそれを問い合わせれば、裏どりができるはずである。

第11は、当時の秦郁彦氏や産経新聞の攻撃への反論である。吉田氏は80年代半ばごろの済州島への謝罪旅行の際に韓国マスメディアが現地を徹底的に調査したことを強調している。

第12は、吉田氏への旧軍人らによる暴力的な嫌がらせの実態の告発である。在日朝鮮・韓国系の暴力団ではなく、旧軍人系の右翼から脅迫を受け続けていることが明らかにされた。その脅迫をした人物の中には、日本刀を隠し持ったものもいたという。

第13は、産経新聞や秦郁彦氏の吉田氏への攻撃が始まった92年以降、外国のメディアが大きく報道する中で、朝日新聞など日本のマスメディアが吉田氏への取材報道を控えるようになったことを告発している。

第14は、吉田氏が〝家内の日記に慰安婦狩りの軍命令書が書かれてあった〟と自著『私の戦争犯罪』の付録に書いてある点について反論している。朝日の検証記事はそれを問題にしている。実は、「家内の日記」云々は、吉田氏が書いたものではなく、「どっかの大阪の活動家の新聞が勝手に書いた。私は一度も公式にいっていない。そういうものを出版社がページ数が足らんという。あの原稿、二百枚そこそこだった。三百枚ほしいということでなんやかやひっつけた」と説明する。

言われてみれば、『私の戦争犯罪』の「付録1」（154頁～）の吉田氏の講演記録には「一九八二年六月二十九日付〝The People〟紙より転載」という注記があることが確認できる。

また、本の序文（『私の戦争犯罪』に「序文」はないが……）も吉田氏が書いたものではないらしい。

戦後直後の警察関係文書の焼却に関連して

第15は、吉田氏の２冊の本に同じように付録として付いている労務報国会の綱領・会則などの公文書資料の説明だ。本にはその説明はないが、今回の証言で初めて詳しい説明がされている。戦後直後の公文書焼却から免れた貴重な資料だという。

第16は、戦後直後の警察関係公文書の焼却の体験談である。これは、朝日新聞も報道し、今回の検証記事で取り消された記事（大阪本社版90年６月19日付朝刊）に含まれているが、いまでは、当時の内務省高級官僚だった奥野誠亮氏の証言で、歴史的事実として裏づけられている。今回の朝日の検証がいかにデタラメかを示すものだ。

参考までに奥野氏（終戦当時・内務省財政課事務官）の証言を紹介する。

「（終戦直前の政府の会議で）公文書は焼却するとかといった事柄が決定になり、これらの趣旨を陸軍は陸軍の系統を通じて下部に通知する、海軍は海軍の系統を通じて下部に通知する。内政関係は地方総監、府県知事、市村長の系統で通知するということになりました。…（45年8月）十五日以後は、いつ米軍が上陸してくるかもしれないので、その際にそういう文書を見られてもまづ《ママ》いから、一部は文書に記載しておくがその他は口頭連絡にしようということで、小林（与三次）さんと原文兵衛さん、三輪良雄さん、それに私の四人が地域を分担して出かけたのです」（「山崎内務大臣時代を語る座談会」、DVD『「戦後自治史」関係資料集第5集特別資料編』所収、60年9月6日）。

　奥野氏は96年6月4日、歴史教育の見直しなどを目的として結成された「明るい日本」国会議員連盟の会長に就任し、結成総会後の記者会見で「従軍記者や従軍看護婦はいたが、『従軍』慰安婦はいない。商行為に参加した人たちだ。戦地で交通の便を（国や軍が）図っただろうが、強制連行はなかった」と発言し、物議をかもした人物である（朝日96年6月5日付）。内務省の高級官僚として、戦後直後に警察文書の焼却を指示し、証拠隠滅をした責任者の一人が、当時を知る証人のような顔をして、慰安婦の強制連行はなかったとぬけぬけと強弁する中心人物である事実こそ、逆に、吉田証言の慰安婦狩りの真実性を証明してはいないか。

第17は、慰安婦狩りをした吉田氏の当時の部下が証言者として出る可能性について、それがいかに困難かを説明していることだ。

吉田証言を肯定的に報じた産経新聞大阪本社版 93年9月1日付夕刊の記事をめぐって

第18は、産経新聞92年４月30日付の吉田氏攻撃記事以降、唯一、同紙に、吉田証言を肯定的に報道した記事（大阪本社版93年９月１日付夕刊）が出た経緯である。

吉田氏はリアルな説明をしている。

「大阪の産経新聞の取材があった。取材依頼があった。それで大阪からくるというので、だから『産経新聞なら断る』と。一年前からしつこく、あの正論なんかなんだと。それから文芸春秋と新潮社と。全部、産経新聞の個人攻撃。まだ、個人攻撃の材料探しかと。『大阪違います』と。『人権考』というシリーズのなかの、最終的なところに吉田さんの済州島でのことをこちらは、事実だという前提で書きます。私が『そんなことできるのか』と、『もみつぶしになりゃせんか』と。『大阪は独自の編集権利を持っています』と。『じゃ、それなら、こい』と。それで彼もここで話したんです。そして、ここでインタビューして、ここで三時間からテープとって持って帰って、そしてあの記事書いたんです」

この記事は次のようにいう。「被害証言がなくとも、それで強制連行がなかったともいえない。吉田さんが、証言者として重要なかぎを握っていることは確かだ」。93年9月になっても吉田証言を肯定するジャーナリストが、産経新聞内にもいたことを示している。今回の朝日の検証記事以降、〝私は92年の段階ですでに、吉田証言は信憑性がないとわかっていた〟と後出しジャンケンのように言って、吉田証言バッシングに加担する研究者やジャーナリストが散見される。しかし、こうしたまともな思考をするジャーナリストが93年9月時点で存在していたことも、現在のマスメディアによる吉田証言バッシングの異常さを浮き彫りにしている。

第19は、吉田氏がかかわった慰安婦の数、950人の根拠についての説明だ。

吉田氏はメディアの記事で、「千人ぐらい」（朝日大阪本社版91年10月10日付）とか、「少なく見ても九百五十人」（朝日92年1月23日付夕刊）などと述べている。今回の赤旗の証言で、吉田氏は「女の一番少ない数が九百五十人です。ところが、ほかの多いのは、女三千人ぐらいで、…一番少ないのを書いたわけです。二十年ばかり前に（1冊目の本を出す70年代半ばごろ、部下が集まった際）みんなで酒の座で、それぞれの数を」と説明した。

仲間が集まって議論し、一番少ない数を書いたと言う吉田氏の姿勢に、歴史的事実への謙虚さをうかがわせる。

連行する女性に女子挺身隊の服装をさせた意味

第20は、下関に連れてきた慰安婦にする女性に、普通の女子挺身隊の服装をさせて目立たないようにしていたという事実だ。朝日の検証は、慰安婦と女子挺身隊の混同を取り立てて問題にしているが、名前だけでなく、服装を含め、朝鮮の女性を「女子挺身隊」だとだまして連行していった実態がリアルに話されている。「女子挺身隊の徴用」という言葉と形式は、慰安婦狩りで女性本人をだます手段としても、強制連行で回りの人間をだます手段にも使われたのではないか。慰安婦と女子挺身隊との用語上の「混同」を取り立てて問題にする朝日の検証記事が、本質とかけはなれた言葉狩りのような議論であることを示している。

第21は、吉田氏の本名について問いただしたものだ。吉田氏は「吉田清治」が通名であり、秦郁彦氏や右翼タカ派雑誌がいうような「虚偽」の一つなどではないことを強調している。

「私は経歴なんか公表したことはないし、その義務もない」
吉田氏のこの主張は、まったく、その通りである。

吉田証言の個々の事実の真偽を問いただす

第22は、吉田氏の証言の個々のテーマについて、真実か否かを問いただしたことだ。その最初は、「慰安婦狩り」をやった地域は、済州島で間違いないか、あるいは、関係者の特定を避けるため、実は別の地域のことかと確認したくだりだ。その答えは、済州島に間違いないということだった。

第23は、吉田氏が戦中に所属したのは、労務報国会下関支部で間違いないかということを問いただしたもの。もしかしたら、隣の福岡県の支部だったかもしれないと思ったので念押ししたが、「これはもちろん」と、下関支部であることを断言している。

第24は、吉田氏の著書の中にある「慰安婦狩り」の年月日がやはり、関係者の特定を避けるため、変えてある可能性があったので聞いたが、「書くときに相当部下と相談しているから、間違いない」とのことだった。

第25は、吉田証言は事実と脚色を混ぜて書いており、どれが事実か、脚色かを区別していないから信用できないという攻撃に応えたもので、吉田氏はかなり踏み込んだ回答をしている。つまり、「(労務報国会関係者で) 私 (吉田氏) 以外の登場人物をフィクションにしている」としている。「加害者側としてごまかしているが、連行された被害者側からみたら全部、どこもウソはない。…これだけは事実です」

第26は、吉田清治氏の本名や素性は、権力側は知っているのではないかという質問で、これも、他のメディアに出た吉田証言にはない新しい事実だ。日本の警察当局だけでなく、韓国の全斗煥《チョンドゥファン》大統領時代の安全企画部や、当時の米CIAにも身上調査を徹底的に受けたと述べている。80年代の軍事独裁政権下の韓国の時代に、同地を訪問し、謝罪碑を建てたりしているわけだから、この説明も説得力がある。

第27は、「警察OBの証言について」という質問に対しての回答の意味である。これは、公安情報誌で有名な『ゼンボウ』の代表的執筆者、上杉千年氏の「吉田『慰安婦狩り証言』検証・第二弾――警察OB大いに怒る」(『諸君!』92年8月号) への吉田氏の反論だと思われる。上杉論文は、戦中に下関警察署にいた特高警察官ら数人に話を聞き、慰安婦狩りをして連行してきた朝鮮人女性の警備に協力したことを否定する証言を集めているものだ。吉田氏は「あのとき、警察のOBといったって、警察官が向こう（朝鮮）にいったんじゃないですよ。…署員として、当時若い署員がですね、そんな軍事機密をね、知るわけないですよ」などと反論している。私は吉田氏へのインタビューで、この上杉論文も質《ただ》していたわけである。吉田氏の反論が徹底していたことを示している。

戦後直後の下関市議選に共産党公認で立候補したことの事実関係

第28は、吉田氏が戦後直後の第一回の統一地方選挙で、山口県の下関市議に共産党公認で立候補したかどうかの事実確認と、その意味の説明だ。

ここで吉田氏は初めて、その事実を認め、戦後だけでなく、戦中から共産党員、あるいは党協力者であったことをほのめかしている。これは、吉田氏が自分自身を「私のような、情報、特高の動きを精通し、憲兵の動きを精通していたもの」、あるいは「戦後すぐで私は特高、憲兵の肩書のままだった」と述べているように、当時の共産党が、特高警察や憲兵の中に党員、あるいは党協力者をつくっていたという衝撃的な事実を証言したものだ。

戦中の日本共産党は相次ぐ特高警察の残虐な弾圧のもとで、壊滅状態になっていたのだが、それでも各地の軍隊や警察などの国家機関の中に、共産党員、あるいは党協力者が組織されていたということになる。

もちろん、吉田氏の「従軍慰安婦狩り」はけっして許されない侵略行為・加害行為であるが、当時の日本人のほとんどが多かれ少なかれ、この残虐な侵略行為に加担していたことを考えれば、吉田氏の二面的な活動は、戦中の日本国民の抵抗のあり方として、評価できるものである。軍国主義に骨の髄まで染まり、侵略行為をしているという自覚さえなかった特高警察幹部や日本軍幹部などと比べれば、よほどましな生き方だったのではないだろうか。

ちなみに、戦後の党幹部と「下関のシントミ座」で話をしたというくだりに出てくる山本利平氏とは誰かということを最近、調べてみた。この点は、日本共産党中央委員会出版局が92年４月10日に発行した『〈資料〉わが地方の日本共産党史　中国・四国編』の山口県の党史に出てくる。

それによると、山本利平氏は46年２月ごろ山口県防府で開かれた共産党の地区代表者会議で「山口地方委員長として確認」されたとある（「山口県」２２０頁）。

野坂参三氏は、戦前のコミンテルン日本代表であり、戦後は日本共産党の中心幹部の１

人として活躍した人物である（92年12月に除名）。

吉田氏をインタビューした93年当時、私は野坂氏はもちろん知っていたが、山本利平氏のことは知らなかった。

今回公表した赤旗インタビューの中で、吉田氏は、野坂参三氏が戦後初めて下関に来たとき、山本利平氏とともに会ったこと、そのときは戦後すぐで「特高、憲兵の肩書」のままであったこと、秘密の会議であったこと、これが戦前の自分の活動の証明であることを語っている。この証言で、吉田氏が戦後直後の統一地方選挙で共産党公認として立候補した謎も解ける。

慰安婦狩りの証人が出ない歴史的背景、済州島事件について

第29は、吉田氏の済州島での「従軍慰安婦狩り」の証人が、いまの済州島の住人の中から出てこない理由として説明された済州島事件（済州島四・三蜂起事件）のことである。

『新版・韓国朝鮮を知る事典』（平凡社、14年）によると、この事件は、48年から57年にかけて行われた、韓国国軍や米軍による島民虐殺である。韓国の軍事政権下では「共産暴動」

との烙印が押され、長い間、事件を語ることはダブーとされてきたという。しかし、88年ごろからの韓国の民主化の中で、特別法に基づく真相究明が進められ、03年の報告書では犠牲者数２万５０００～３万人といわれる。03年10月、韓国の盧武鉉《ノムヒョン》大統領は、政府の行った犯罪として公式に謝罪した。

吉田氏はインタビューをした93年の時点で、この済州島事件を詳しく説明しており、その点でも吉田証言の真実性を高めている。

「戦後の済州島事件というのは、北のスパイとして済州島民がたくさん虐殺された」「済州島では生きていけないので、みんな戦後逃げ出した。現在、島にいるのは本土からいったものだ」「村の古老といっても、その部落にずっと住んでいたわけではない。だから当時のことを実証できるものはいないのだ」

この一連の吉田氏のインタビュー発言は、92年当時の秦郁彦氏ら産経新聞側の攻撃への有力な反論である。この反論は、これまで公表されてきた各メディアの吉田証言の記事にはまったくない、今回初めて公表する貴重な証言である。そして「大阪の在日の四分の一が済州島出身である」という発言に、これからの裏づけ証人探しなどの可能性を示している。

吉田証言はけっして虚偽ではない。吉田証言は生きている。かつて吉田氏を取材した私には、その思いがますます強まっている。

第3章

朝日と赤旗の
「検証記事」の検証

従軍慰安婦問題での吉田証言を「虚偽」と断定した朝日新聞2014年8月5日付。同証言を「信ぴょう性がない」として関連記事を取り消した「しんぶん赤旗」14年9月27日付。その根拠を紙面の該当個所を紹介しながら、検討していきたい。

第1節 朝日が吉田証言を「虚偽」と断定した記事

朝日は、8月5日付の特集の中の「『済州島で連行』証言――裏付け得られず虚偽と判断」と題する記事で次のように書く。後で、逐次検討するため、記事のまとまりの冒頭ごとに、アルファベットをつけた。

A「疑問――日本の植民地だった朝鮮で戦争中、慰安婦にするため女性を暴力を使って無理やり連れ出したと著書や集会で証言した男性がいました。朝日新聞は80年代から90年代初めに記事で男性を取り上げましたが、証言は虚偽という指摘があります」

B「男性は吉田清治氏。著書などでは日雇い労働者らを統制する組織である山口県労務報国会下関支部で動員部長をしていたと語っていた。朝日新聞は吉田氏について確認できただけで16回、記事にした。初掲載は82年9月2日の大阪本社版朝刊社会面。大阪市内での講演内容として『済州島で２００人の若い朝鮮人女性を「狩り出した」』と報じた。執筆した大阪社会部の記者(66)は『講演での話の内容は具体的かつ詳細で全く疑わなかった』と話す。90年代初め、他の新聞社も集会などで証言する吉田氏を記事で取り上げていた」

C「92年4月30日、産経新聞は朝刊で、秦郁彦氏による済州島での調査結果を元に証言に疑問を投げかける記事を掲載。週刊誌も『「創作」の疑い』と報じ始めた。東京社会部の記者（53）は産経新聞の記事の掲載直後、デスクの指示で吉田氏に会い、裏付けのための関係者の紹介やデータ提供を要請したが拒まれたという」

D「97年3月31日の特集記事のための取材の際、吉田氏は東京社会部記者（57）との面会を拒否。虚構ではないかという報道があることを電話で問うと『体験をそのまま書いた』と答えた。済州島でも取材し裏付けは得られなかったが、吉田氏の証言が虚偽だという確証がなかったため、『真偽は確認できない』と表記した。その後、朝日新聞は吉田氏を取り上げていない」

E「しかし、自民党の安倍晋三総裁が2012年11月の日本記者クラブ主催の党首討論会で『朝日新聞の誤報による吉田清治という詐欺師のような男がつくった本がまるで事実かのように日本中に伝わって問題が大きくなった』と発言。一部の新聞や雑誌が朝日新聞批判を繰り返している」

F「今年4~5月、済州島内で70代後半~90代の計約40人に話を聞いたが、強制連行したという吉田氏の記述を裏付ける証言は得られなかった」

G「干し魚の製造工場から数十人の女性を連れ去ったとされる北西部の町。魚を扱う工場は村で一つしかなく、経営に携わった地元男性（故人）の息子は『作っていたのは缶詰のみ。父から女性従業員が連れ去られたという話は聞いたことがない』と語った」

H「『かやぶき』と記された工場の屋根は、韓国の当時の水産事業を研究する立命館大の河原典史教授（歴史地理学）が入手した当時の様子を記録した映像資料によると、トタンぶきとかわらぶきだった」

I「93年6月に、吉田氏の著書をもとに済州島を調べたという韓国挺身隊研究所元研究員の姜貞淑《カンジョンスク》さんは『数カ所でそれぞれ数人の老人から話を聞いたが、記述にあるような証言は出なかった』と語った」

J「吉田氏は著書で、43年5月に西部軍の動員命令で済州島に行き、その命令書の中身を記したものが妻（故人）の日記に残っていると書いていた。しかし、今回、吉田氏の長男（64）に取材したところ、妻は日記をつけていなかったことがわかった。吉田氏は00年7月に死去したという」

K「吉田氏は93年5月、吉見義明・中央大教授らと面会した際、『（強制連行した）日時や場所を変えた場合もある』と説明した上、動員命令書を写した日記の提示も拒んだという、吉見氏は『証言として使えないと確認するしかなかった』と指摘している＝注①」

L「注①　吉見義明・川田文子編『「従軍慰安婦」をめぐる30のウソと真実』（大月書店、1997年）」

M「戦争中の朝鮮半島の動員に詳しい外村大・東京大准教授は、吉田氏が所属していたという労務報国会は厚生省と内務省の指示で作られた組織だとし、『指揮系統からして軍が動員命令を出すことも、職員が直接朝鮮に出向くことも考えづらい』と話す」

N「吉田氏はまた、強制連行したとする43年5月当時、済州島は『陸軍部隊本部』が『軍政を敷いていた』と説明していた。この点について、永井和・京都大教授（日本近現代史）は旧陸軍の大部隊が集結するのは45年4月以降だと指摘。『記述内容は事実とは考えられない』と話した」

O「読者のみなさまへ――吉田氏が済州島で慰安婦を強制連行したとする証言は虚偽だと判断し、記事を取り消します。当時、虚偽の証言を見抜けませんでした。済州島を再取材しましたが、証言を裏付ける話は得られませんでした。研究者への取材でも証言の核心部分についての矛盾がいくつも明らかになりました」

第2節　虚偽と判断するにはあまりに根拠がない

朝日の「検証記事」の最大の問題点の一つは、朝日の取材記者が2回、吉田氏に証言を裏付ける話を聞こうとして「拒否」された（CとDの個所）理由について、明らかにしていないことだ。

私もジャーナリストの端くれだからわかるのだが、取材対象者に特定の質問への回答を拒否される場合、なんらかの拒否理由を示されているはず。とくに、記事の該当部分Cでは、「（朝日新聞の）東京社会部の記者（53）は産経新聞の記事の掲載直後、デスクの指示で吉田氏に会い、裏づけのための関係者の紹介やデータ提供を要請したが拒まれたという」と書いている。取材対象者と面会しているわけで、それなりの信頼関係が記者と取材対象者の間に存在したことがわかる。そのときに、吉田氏は、裏づけのための関係者の紹介をなぜ拒んだのか、データ提供の要請をなぜ拒んだのかを話したはずである。

「裏づけのための関係者」とは元軍人や元特高の関係者であり、当時、その脅迫やおどしがあったかもしれない。戦中のデータなどはそもそも、戦後の戦犯追及を逃れるために組織的に焼却されたといわれており、要請自体が無理難題だったかもしれない。

２回目の吉田氏への取材、つまり、記事の該当部分Ｄでは、記者は、面会を拒否されている。これは、朝日のその記者と吉田氏との間に信頼関係が存在しないか、朝日の取材目的に吉田氏が賛同しなかったことを示している。つまり、いまはやりの言い方では「ノーコメント」と言われたわけだ。それでもその記者は、電話取材を敢行し、「虚構ではないかという報道があることを電話で問うと『体験をそのまま書いた』と答えた」と書く。この取材経過は、いわば「けんか腰」のものであり、ずいぶん失礼なやり方だったと思われる。実際は口語だから、「虚構」などという言葉は使わず、「あなたの証言はうそだと産経が書いているけど、どうなんですか」と記者が電話で挑発し、吉田氏はぐっとこらえて冷静に「体験をそのまま書きました」と答えたのだろう。ようするに産経新聞の記者のように、頭から吉田氏の話を「つくり話」と疑って、朝日記者は電話したと思われる。

吉田氏へのこの2回の取材のありようをもっと詳しく聞きたいものだ。少なくとも、吉田氏が裏づけ話を拒否したことをもって、吉田証言が「虚偽」というのは、あまりに一方的であり、根拠とはなりえない。

問題点の2つ目は、記事の該当部分Dの後半である。97年3月31日の特集記事の作成過程で、「済州島でも取材し裏付けは得られなかった」というが、どんな取材で、誰に話を聞き、何と答えたのか、この記事ではまったく明らかにされていない。それとも、朝日は「図書館に行って朝日の当時の縮刷版を読め、そこに書いてある」という態度なのか。(注) その特集記事には、本当に「誰に話を聞き、何と答えたか」が書かれていて、それぞれの話の裏どりもされているのか。結論だけの押し付けであり、「裏付けは得られなかった」というだけである。朝日の社内検証の内容は「知らなくていい、信用しなさい」ということか。

朝日の1回目の検証作業では、「真偽は確認できない」と結論したというが、1回目の検証作業も、今回の検証作業も、それ以上でも、以下でもない。「真偽は確認できない」

ことをもって「虚偽」と判断する論法は、裏づけが様々な理由でできない、あらゆる歴史的証言を「虚偽」とすることになる。その理由には今回のように、相手が裏づけ取材を拒否する場合もあるし、取材者側の力量不足・努力不足もある。戦争中の加害者にしろ、被害者にしろ、当事者の証言には大きな苦痛と勇気がいるものであり、それ自身が重い価値を持つ。朝日には、そうした歴史的事実の証言者に対する謙虚さを感じることができない。

問題点の3つ目は、記事の該当部分F以降の「検証」である。該当部分Fの約40人の済州島の住民への聞き取りは、その内容が明らかにされていない。その約40人は、本当に当時を知る人間なのか。当時、何をしていた人間なのか。もし、当時を知る年配の人間がいても、はたして「地元のあの家の娘は、ここで強制連行された」と話すだろうか。それは、儒教道徳の強い韓国では、その娘の親類・縁者の名誉を傷つける最悪の行為になるだろう。ましてや、当時を知らない年配者に何人話を聞いても「知らない」といわれるだけで、現地での「慰安婦狩り」を否定することにはならない。同じことは、すべての慰安婦の強制連行に言えることだ。

同じ論理で、現在までに名乗り出ている「慰安婦」被害者らの韓国の出身地で、それぞれ40人程度の年配者の聞き取り調査をしたらどうなるか。「あそこに住んでいた○○さんが『慰安婦』被害者だと名乗り出ているが、本当に昔、警官や日本軍人に、暴力的に連行されたのか」と。そういう取材が、逆に「慰安婦」被害者を出身地で孤立させ、親類縁者に多大な迷惑がかかることを、朝日は知らないわけがない。

該当部分Gの「検証」には笑ってしまう。「干し魚の製造工場」の経営に携わった地元男性（故人）の息子の証言だが、その息子は当時何歳だったのか。父親の当時の経営内容を直接知っていたのか。息子は、父親とは別人格であり、「父から女性従業員が連れ去られたという話は聞いたことがない」という話は、なんの証明にもならない。

該当部分Hの「検証」もそうだ。「かやぶき屋根」は、吉田氏の著書『私の戦争犯罪』の121ページに出てくる記述だが、「慰安婦狩り」をした製造工場の屋根が、かやぶきか、トタンか、かわらぶきか、が吉田氏の著書の「核心部分」でないことは、吉田氏の著書を読んだものなら、明らかだ。こういう「検証」を「重箱の隅をつつく」という。

該当部分Iであるが、93年6月に姜貞淑さんが「（済州島の）数カ所でそれぞれ数人の老人から話を聞いたが、記述にあるような証言は出なかった」と語ったというが、こういう超あいまいな伝聞情報をいくら重ねても、体験者の証言を「虚偽」と断定することはできない。

該当部分Jについて。故人の妻が日記をつけていたかどうかを、「今回、吉田氏の長男（64）に取材」して、「日記をつけていなかったことがわかった」という。が、「済州島の慰安婦狩り」は43年のことで、いまから71年前のことだ。吉田氏と別人格の64歳の息子の発言が、どうして、母親が日記をつけていないことの証明になるのか。息子が生まれる前の母親の行動を、息子が証明することはできない。

該当部分Kについて、93年5月当時、吉見義明・中央大教授らと面会した際のことだが、吉田氏が「（強制連行した）日時や場所を変えた場合もある」と説明した上、「動員命令書を写した日記の提示も拒んだ」という。これも「強制連行した日時や場所を変えた」とは書かれていないし、「強制連行した」というカッコ内の記述は原文では「回想には」とあり、不正確だ。吉見氏が「証言として使えないと確認するしかなかった」というのも、学者のそれぞれの研究方法の問題であり、証言として使えると思う学者も当然いるだろう。

今回公表の吉田インタビューでは、『私の戦争犯罪』１５６ページの「家内の日記」云々の記述は、吉田氏が書いたものではないことが明らかになっている。

該当部分Mについて。労務報国会に対して、「指揮系統からして軍が動員命令を出すことも、職員が直接朝鮮に出向くことも考えづらい」と話す外村大・東京大准教授の指摘が紹介されるが、一学者が「考えづらい」といっているだけであって、吉田証言は間違いだとは言っていない。一つの見解にすぎない。

該当部分Nについて。「吉田氏はまた、強制連行したとする43年5月当時、済州島は『陸軍部隊本部』が『軍政を敷いていた』と説明していた」というが、これはどこで吉田氏が言っているのか。吉田氏の著書『私の戦争犯罪』の103ページの記述は「決戦下のこのごろは、朝鮮半島防備のために陸軍部隊が警察署を管理し、朝鮮人島民二十万人を直接統治して、事実上の軍政を敷いていた」とある。「事実上」という言葉を朝日の記事は、意図的かどうかはわからないが、引用していない。永井和・京都大教授（日本近現代史）は旧陸軍の大部隊が集結するのは45年4月以降だと指摘したというが、話がかみあっていない。吉田氏は、「旧陸軍の大部隊が集結する」時期を問題にしているのではなく、「陸軍部隊が警察署を管理し、朝鮮人島民二十万人を直接統治」していた時期を問題にしている。朝日は、永井氏が「記述内容は事実とは考えられない」と結論したというが、まったく説得力がない。逆に吉田証言のリアルさを浮き彫りにしている。

該当部分Oについて。この部分が吉田証言についての朝日の「検証記事」の結論部分だが、これまで、ひとつひとつ分析したように、吉田証言を「虚偽」とするには、あまりに根拠がない。全体の印象を言えば、吉田証言の枝葉末節を取り上げ、難癖をつけているようにみえる。こんな「検証」で、吉田証言を「裏付け得られず虚偽と判断」と結論するのか。
意味深なのは、該当部分E。自民党の安倍晋三総裁が12年11月の記者会見で、吉田氏を「詐欺師のような男」と指摘したくだりだ。もし、権力をチェックするジャーナリズムを自認するなら、朝日新聞は、安倍総裁（現首相）に、まずその根拠を質すべきだった。公人中の公人の発言である。故人に対して公の場で、「詐欺師のような男」と「詐欺師」よばわりをしたのだから、安倍氏は、それを証明する義務がある。しかし、朝日はそれをした形跡がない。むしろ、安倍氏の意向に沿い、その発言の裏どりをするような形で取材班をつくり、いいかげんな検証で、吉田証言は「虚偽」だという、先に結論ありきの記事を書いたように読める。朝日の「検証記事」は安倍総裁に対して、あなたの圧力に屈しましたよと、問わず語りに「告白」している文章ではないのか。安倍首相が大喜びするはずである。

注　この記述を書いたあと、念のために近くの図書館に行き、朝日の縮刷版で97年3月31日付の特集記事を調べた。残念ながら、朝日自身による済州島の裏づけ取材については、そういう取材をしたという事実も書かれていない。その特集記事には「済州島の人たちからも、氏の著述を裏付ける証言は出ておらず、真偽は確認できない」とあるだけである。

第3節　吉見教授の著書は吉田証言を本当に否定したのか

吉田氏を「詐欺師」よばわりする安倍首相は、何を根拠にしているのか。安倍首相にしろ、朝日にしろ、赤旗にしろ、その最大の根拠の一つとしているのは、吉見義明・川田文子編著『「従軍慰安婦」をめぐる30のウソと真実』（大月書店、97年6月24日）という著作の26・27ページの記述だ。

安倍晋三衆院議員（当時）は97年5月27日の衆院決算委員会第二分科会で、次のように発言し、議事録が残っている。

「そもそも、この従軍慰安婦につきましては、吉田清治なる詐欺師に近い人物が本を出した。この内容がもう既にめちゃくちゃであるということは、従軍慰安婦の記述をすべきだという中央大学の吉見教授すら、その内容は全く根拠がないということを認めております」

朝日は今回の「検証記事」のＫとＬで、この吉見氏らの著書の記述の一部を引用している。繰り返しになるが、再掲する。

「吉田氏は93年5月、吉見義明・中央大教授らと面会した際、『（強制連行した）日時や場所を変えた場合もある』と説明した上、動員命令書を写した日記の提示も拒んだといい、吉見氏は『証言として使えないと確認するしかなかった』と指摘している＝注①。」「注①吉見義明・川田文子編『「従軍慰安婦」をめぐる30のウソと真実』（大月書店、97年）」

「しんぶん赤旗」14年9月27日付の「検証記事」も、同じ部分が引用・紹介されている。念のため、次に示す。

「『慰安婦』問題に取り組んできた吉見義明中央大教授は、93年5月に吉田氏と面談し、反論や資料の公開を求めましたが、吉田氏が応じず、『回想には日時や場所を変えた場合もある』とのべたことなどから、『吉田さんの回想は証言としては使えないと確認する』（『「従軍慰安婦」をめぐる30のウソと真実』97年6月出版）としました。『吉田証言』の信ぴょう性に疑義があるとの見方が専門家の間で強まり、…」

ただし、安倍氏は、この本が発行される97年6月24日より少し前の同年5月27日に、国会で「中央大学の吉見教授すら、その内容は全く根拠がないということを認めております」と質問している。安倍氏はこの著書が発行される1カ月前に、吉見教授の「見解」を知っていたことになる。吉見教授が吉田氏と面会したのは「93年5月」（同著）。それが何を意味するのかは、まだわからない。

それはともかく、同著の該当個所を改めて読んで驚いた。この吉見教授の文章は、「吉田清治さんの本での告白が強制連行の証拠とされてきたが、現地でのその後の調査で、この告白はウソだと証明された」という「ゆがめられた言説」に対して（傍点著者）「実際はどうなのかを、ひとつひとつ事実にもとづいてあきらかにした」（同著「はじめに」）ものだからだ。

吉田証言が「ウソ」だという「ゆがめられた言説」に反論して、吉見教授は次のように書く。

「吉田清治さんは、『私の戦争犯罪』（一九八三年）という本のなかで、軍の動員命令により、徴用隊一〇名の一員として朝鮮の済州島にいき、現地の陸軍部隊とともに、華中（中国中部）方面に送る慰安婦として二〇五名の女性をつかまえ、『女子挺身隊』の名目で輸送した、と記している。だが、現在、朝鮮で強制連行があった証拠として、この本をあげる人はいない。いまでは研究はずっとすすんでおり、これによらなくても、強制連行や強制使役があったことは証明できる」

「（動員命令書が奥さんの日記に書いてあるのであれば、日記のその部分を公開してはどうかなどとの要請に対して）吉田さんは、日記を公開すれば家族に脅迫などが及ぶことになるので、できないと答えた。そのほか回想には日時や場所を変えた場合もあるとのことだった。そこで、私たちは、吉田さんのこの回想は証言としては使えないと確認するしかなかった」

吉見教授の著書は、吉田氏が本に書いた核心的事実である「朝鮮で慰安婦の強制連行があった」ということを、いまでは、吉田氏の本によらなくても、証明できるとのべているのだ。そして、吉田氏に、その正しさがすでに研究で立証されているので、名誉回復のために、いくつかの疑問に反論すべきだと忠告しているにすぎない。吉田氏はその忠告に「家族に脅迫などが及ぶ」というもっともな理由で拒否したわけだ。

したがって、吉見教授の著書は、吉田証言を否定しているものではなく、むしろ、「ウソだと証明された」という「ウソ」に反論し、吉田証言を「真実」として擁護しているものだ。

それをまったく逆さに描く、安倍首相や朝日、赤旗の認識は、吉見教授の著書の著しい誤読である。安倍首相は誤読というより、吉田氏への激しい敵意を感じる。

もしかしたら、吉見教授の著書の該当記述の冒頭に「ゆがめられた言説」として紹介されている文章、つまり、「吉田清治さんの本での告白が強制連行の証拠とされてきたが、現地でのその後の調査で、この告白はウソだと証明された」という黒線で囲われた記述を、該当記述の見出しや要約と思ったのかもしれない。そのページのコピーだけを読めば、そうとも読めなくもない。そういうことなら、朝日や赤旗の「検証記事」の吉見教授の著書の紹介の仕方が自然に納得できる。しかし、それは重大な誤読である。各項目の初めの黒線で囲われた記述は、吉見教授らの見解の見出しや要約ではない。見出しや要約であるなら、目次にも記載された「強制連行によって慰安婦を集めたケースはない」とか、「責任を問うなら、朝鮮人業者を追及したらどうか」などの他の項目の黒線で囲われた記述が、すべて吉見教授らの見解となる。そんな馬鹿な、である。実際は、そういう「ゆがめられた言説」＝「ウソ」に吉見教授はすべて事実で反論して「真実」を示しているのだ。

吉田証言が示す強制連行の内容は「真実」であるという吉見教授の著書を、なんとか真逆にするために、朝日や赤旗の検証記事は、引用まで改変している。

朝日の検証記事では、吉田氏が「（強制連行した）日時や場所を変えた場合もある」と説明したと書いているが、吉見教授の著書には「回想には日時や場所を変えた場合もある」と書かれている。「回想には」という言葉をカッコ書きの「（強制連行した）」に変えている。朝日の検証記事は、吉田証言を何が何でも「ウソ」にしたい意図がみえみえである。

　赤旗の検証記事でも同様の改変がある。赤旗の検証記事は、吉見教授らが「吉田さんの回想は証言としては使えないと確認する」としている。吉見教授と吉田氏の間で「証言としては使えない」という確認があったかのように読める。しかし、実際の吉見教授の著書は「そこで、私たちは、吉田さんのこの回想は証言としては使えないと確認するしかなかった」と書かれている。確認したのは、吉田氏を訪ねた「私たち（吉田氏以外の人間）」の間であることがわかる。吉見教授と吉田氏との確認なら「確認するしかなかった」という主観的な文章にはならない。やはり、吉田証言の真実性を何とか打ち消したい意図を感じる改変である。

　ともに、新聞社の検証記事であり、こんな核心部分の短い文章を改変したのでは、検証記事全体の「信ぴょう性」が著しく失われてしまう。

　ところで、吉見教授のこの著書には、同教授らが吉田氏に、右翼タカ派論客の秦郁彦教授の「疑問」に対しても、「積極的に反論」するように勧めた記述がある。

これに対して吉田氏は「日記を公開すれば家族に脅迫などが及ぶことになるので、できない」と断わったという。これが吉見教授が「吉田さんのこの回想は証言として使えない」と判断した理由の一つになっている。

吉田氏に反論を促した吉見氏らの行動は、研究者としての立場としてある意味で当然のことであったといえ、また吉田証言を真実として擁護しようとするために勧めたことであったと思う。しかし、戦中の権力機関の幹部として、さまざまな脅迫に負けずに命がけで証言してきた吉田氏への配慮や敬意がもう少しあってもよかったのではないかという、印象は拭えない。しかも80歳近い高齢の吉田氏に詳細な反論を求めることは、少し酷なことであったと思わざるを得ない。

当時の「時代の雰囲気」を知る者は、吉田氏を含め、戦争犯罪を証言する加害者らが、どんなに元軍人や保守勢力から、暴力的脅迫を受けていたかを記憶している。私も当時、赤旗記者として、吉田氏自身が、日常的に元軍人・元特高関係者らしき者から、暴力や脅迫を受けていたことを知っている。これは、いまのヘイトスピーチや在特会らのデモどころではない、異常極まるものだった。

従軍慰安婦の強制連行の裏づけを示す責任が、その加害体験を証言した高齢の吉田氏に第一義的にあったとは思えない。戦争犯罪の加害者が、勇気を持ってその歴史的事実を証言することは、闇に埋もれた歴史的真実を明らかにするうえで大きな意味を持っている。その証言をもとに、裏づけの事実を探し、真実を追求することは、むしろ、研究者やメディアの責務なのではないか。

今回公表する赤旗インタビューでの吉田証言が持つ大きな意義を改めて感ずる。

吉田氏は、年月日について書くときに「相当部下と相談して書いているから、間違いない」と明言している。

加害者側の人間などについては「少し人名やらなんかをマスコミにわからないように、少し、そこを脚色しているところはある。地名を、そこではなくて、日本内地の地名ですね。どこどこという地名を、どこ出身の動員部長とかいう、その地名も、これは変えている。それは、みんなの、彼らの迷惑を考えている」「迷惑が及ぶことを考えて、人名や地名、どこどこの出身の動員部長のとかが分らないように脚色しているところがある」「被害者側からみたとき、それはだれであろうが、本人であろうが別の人間くっつけてやろうが、いっさい被害者の、自分が連行された、その日時、場所なんかは、被害者側からみたら全部、事実だ。加害者側としてごまかしているが、連行された被害者側からみたら全部、どこもウソはない」と証言している。

「家内の日記」の存在についても「どっかの大阪の活動家の新聞が勝手に書いた。私は一度も公式にいっていない」と証言している。

「強制連行の実態を歴史に日本人に事実を知らせることが目的で始めた二十年前の行動で。基本的には全部事実だ」と証言している。

吉田証言は虚偽の証言として歴史から葬られようとしている。しかし、秘密機関と思われる部署の責任者として、朝鮮人従軍慰安婦狩りの動員部長として、実行部隊を率いた実行者の証言、いわば秘密機関の実態を内部告発した者としての吉田証言の歴史的意義をもう一度、再評価すべきではないか。研究者にそのことを強く訴えたい。

この点に関して、もう一つ、問題提起をしたい。吉見氏の著書では、軍の慰安婦動員命令書が書き写されているという吉田氏の妻の日記の公開要求などに対して、吉田氏は「日記を公開すれば家族に脅迫などが及ぶことになるので、できない」などとのべ、疑問に反論することを断ったと書いている。

吉田氏は今回公表する赤旗インタビューで、妻の日記に書き写されていたとされた、軍の慰安婦動員命令書の文面について、吉田氏は「あれはだれでも、もう丸暗記していますよ。

この形式しかなかったんですから。その程度のありふれた形式なんです」とも話し、吉田氏の記憶によるものであることを強調している。

ただ、ここでは、記憶だけを頼りに自著に書いたとは断言していない。「日記を公開すれば家族に脅迫などが及ぶことになるので、できない」とか、今回公表の赤旗インタビューの「私は一度も公式にいっていない」とかいう吉田氏の言葉に、私は引っかかる。自分の記憶だけで動員命令書の文面を書いたのであれば、わざわざこんなことを言う必要はないからだ。では、これは、何を意味するのだろうか。

吉田氏の二冊目の著書『私の戦争犯罪』（三一書房、83年）の「まえがき」には、次のような記述がある。

「私のこの記録は、四十年近い過去の事実を、現在まだ生きている当時の部下たち数人と何回か語りあって思い出したり、現地から亡妻や親戚友人たちへ、労務報国精神を誇示して書き送っていた私の手紙を回収したりして、記憶を確かめながら書いた」

私の推測だが、吉田氏は、慰安婦動員命令書の文面についても、「亡妻や親戚友人たち」に書き送っていた手紙などを回収して、それで記憶を確かめながら、自分の著書に書き込んだことを示唆しているように思う。だからこそ、吉田氏は、回収した手紙などを所有する部下や知人、親戚、あるいは、所有する人物を知っているかもしれない家族に「脅迫などが及ぶ」ことを心配したのであろう。回収した手紙などを保管する人物の存在を隠すために、あえて追及が及びようのない亡妻の日記に書かれていたと非公式に言ったのかもしれない。「脅迫など」の矛先のすべてを吉田氏本人だけに向かわせようとした配慮を感じる。

では、そうした手紙などを現在、誰が保管しているのか。今回公表する赤旗インタビューの最後の方に次のような証言がある。

「私が死ねば（93年の）十一月末か十二月初、別の人間が会長になる。すでに遺言状をつくり、後継者に渡している」

その「後継者」は、当時からもう20年以上が経っているので、さらにその「後継者」になっているかもしれない。いずれにしても、そうした「後継者」が今回緊急出版したこの本に目を留め、私に連絡してくださることを切に期待している。そうなれば、吉田氏が勇気を持って始めた「強制連行の実態を歴史に日本人に事実を知らせる」取り組みは、さらに大きく前進するのではないだろうか。

第４節　タカ派論客の秦郁彦氏と『週刊新潮』に依拠する検証記事

朝日と赤旗の検証記事は、タカ派論客で有名な秦郁彦氏の「調査」を全面的に肯定することで成り立っている。

吉田証言を最初に批判したのが、産経新聞社発行の月刊誌『正論』92年6月号に掲載された秦氏の論文「昭和史の謎を追う　従軍慰安婦たちの春秋」と、その論文をもとに秦氏の見解などを報じた産経新聞92年4月30日付記事とされる。

この論文は、赤旗日曜版92年1月26日号の吉田インタビューと、朝日92年1月23日付夕刊の吉田証言を、名指しで批判している。そして、これらの記事は、いずれも今回の赤旗と朝日の検証記事で取り消されたものだ。朝日と赤旗の検証記事は、そういう点で、秦論文による攻撃に、そのまま屈服した形になっている。

その秦論文だが、吉田証言を「虚構」とする根拠は、済州島に秦氏が行き、吉田証言を否定する現地の新聞「済州新聞」89年8月14日付を入手したという話が中心である。

その新聞の引用に目を疑う。その済州新聞には「慰安婦狩りの話を、裏づけ証言する人はほとんどいない」と書かれているという。「全くない」のではなく「ほとんどいない」とは、少数だが、裏づけ証言をする人がいたということだ。それなのに、秦氏は、これをもって「慰安婦狩の虚構」と見出しをつける。その記事を書いた許栄善記者は秦氏に「何が目的でこんな作り話を書くんでしょうか」と聞いたという。

次に示す秦氏の答えぶりが、秦氏の立場と品性を端的に表している。

「有名な南京虐殺事件でも、この種の詐話師が何人か現われました。彼らは土下座してザンゲするくせがあります」

秦氏が吉田氏を「職業的詐話師」と誹謗中傷してきたのは有名だが、同様に秦氏は南京大虐殺事件でも、それを証言する者を「詐話師」とののしっていたことがわかった。

こういうタカ派の学者の話を最大の根拠にして、吉田証言を「虚偽と判断」とか「信ぴょう性がない」する朝日と赤旗の検証記事は問題といわざるをえない。

ちなみに、赤旗の検証記事は、『週刊新潮』に掲載された吉田氏のコメントをそのまま引用し、朝日以上に特異なものとして注目されている。『週刊新潮』は公安情報誌ともいわれる、共産党や民主団体を権力機関の情報組織でしかわからないような情報を使い、謀略的に攻撃してきた超タカ派の週刊誌として知られている。

赤旗の検証記事の末尾に掲載された「『吉田証言』の記事を取り消します」と題する訂正記事には、次のように書かれている。

「吉田氏自身がのちに、『本に真実を書いても何の利益もない』『事実を隠し、自分の主張を混ぜて書くなんていうのは、新聞だってやることじゃありませんか』（『週刊新潮』96年5月2・9日号）などとのべています。『吉田証言』は信ぴょう性がなく、本紙はこれらの記事を掲載したことについて、お詫《わ》びし、取り消します。赤旗編集局」

赤旗が間違いないものとして掲載した吉田氏のコメントは、赤旗記者が直接取材したものではなく、『週刊新潮』記者が取材して書いた記事の引用である。伝言ゲームでも正確な情報を伝えるのは至難の業だが、こういうタカ派のメディアを通じたのでは、真実からますます遠ざかってしまう。

吉田氏のコメントの引用も、改変が明らかである。吉田氏が「本に真実を書いても何の利益もない」と言ったと赤旗は書いているが、実際の『週刊新潮』の記事にはこうある。「秦さんらは私の書いた本をあれこれ言いますがね。まあ、本に真実を書いても何の利益もない。関係者に迷惑をかけてはまずいから、カムフラージュした部分もあるんですよ」。赤旗の引用は、本人の意図をねじまげる最悪の改変である。

もう一つの赤旗の引用「事実を隠し、自分の主張を混ぜて書くなんていうのは、新聞だってやることじゃありませんか」も、文章の全体の趣旨を無視して、部分だけの引用で意味を別なものにする改変である。実際の『週刊新潮』の記事にはこうある。

「関係者に迷惑をかけてはまずいから、カムフラージュした部分もあるんですよ。だから、クマラスワミさんとの面談も断りました。事実を隠し、自分の主張を混ぜて書くなんていうのは、新聞だってやることじゃありませんか。チグハグな部分があってもしょうがない」

吉田氏が「関係者に迷惑をかけてはまずい」と考え、その配慮から「事実を隠し」たりした部分があると言っているのだ。全体は基本的に事実・真実だという意味なのに、赤旗は、この発言を吉田氏が自分の証言をウソと認めた決定的証拠にしてしまっている。

報道機関であるはずの朝日と赤旗の検証記事はあまりにひどく、深刻である。

第4章

秦郁彦『慰安婦と戦場の性』の検証

朝日や赤旗は2014年8月5日付と同年9月27日付のそれぞれの紙面で、朝鮮の済州島などでの「慰安婦狩り」を証言した故・吉田清治氏とその証言について、「偽証と判断」（朝日）とか、「信ぴょう性がない」（赤旗）とかの理由で、その発言や活動に関するすべての記事を一挙に取り消した。

そのやり方は、個々の証言部分の真偽を事実にもとづいて検証し、誤りだと判明した個所を正確に訂正するという厳密なものではない。吉田氏の発言や活動に関する記事は、どんなものであれ、すべて取り消すという、乱暴極まりないものである。あたかも吉田氏という人物全体が「信用できない大ウソつき」だと判明したかのような措置だが、検証記事はそんなことはまったく明らかにしていない。

朝日や赤旗が検証記事で、「吉田証言」を否定する最大の根拠にしているのが、歴史家・秦郁彦氏の「研究」である。しかし、この「研究」は本当に吉田氏や「吉田証言」を全面否定するだけの内容なのだろうか。朝日や赤旗の検証記事を検証するうえで、秦氏の「研究」の検証は欠かせない。

秦氏の「研究」の代表作、『慰安婦と戦場の性』（新潮社、1999年）を中心に、その「研究」の信憑性を検証していきたい。

第１節　自分を棚に上げ、相手の人格を貶める手法

秦氏の『慰安婦と戦場の性』を一読して気付くのは、相手の証言を否定するのに、真正面から論理的に立証するのではなく、相手の人格を貶めて、それで証言の信憑性をなくそうという手法をとっていることである。

同書の第七章は「吉田清治の詐話」と題され、まるまる20ページを「吉田証言」否定のための論述に充てている。

その論理構成は、「日本軍が犯したとされる戦争犯罪がマスコミで取りあげられると、必らずと言ってよいぐらい元日本兵の『ザンゲ屋』ないし『詐話師（ウソつきのこと）』が登場する」→「有名な南京虐殺事件にも、この種の人物が何人か登場する」→「（秦氏は）その一人とニューヨークで同宿したことがある」→「（その人物は）ホテルに帰ると私に『カン・ビールを買ってこい』と命じ、モロ肌脱ぎになって飲みながら『強姦した姑娘《クーニャン》の味が忘れられんなあ』と舌なめずりした」→「同類の『詐話師』に何度か振りまわされた経験

をつんで、私は疑ぐり深くなっていたのかも知れない」↓「吉田清治の言動に私が疑惑を感じたのは、こうした苦い体験のせいもあったと思う」↓〝裏づけをとりたいので旧部下を紹介してくれと電話で吉田氏に言ったら旧部下が怖がっているのでと断られた〟↓〝決め手が見つからないまま済州島の現地調査をした〟↓〝済州島の新聞で「吉田証言」の裏どりをした記事を発見し、そこには「裏付け証言をする人はほとんどいない」と書かれていた〟↓〝この記事を書いた記者に話を聞くと「何が目的でこんな作り話を書くんでしょうか」と問い詰められ「答に窮した」〟云々と続く。

この立証の論法は、予断と偏見に満ちた非論理的なものだということが、一見して明らかである。まず、指摘したいのは、ニューヨークで同宿したという南京大虐殺事件の加害者が、強姦した女性の「味が忘れられんなあ」と言った（これは裏がとれない、秦氏との密室の会話）という「事実」から、すぐに彼を「詐話師」と断じている論法の非論理性である。百歩譲って、この人物が「詐話師」だと立証できたとしても、この人物とはまったく別の吉田氏を「詐話師」と疑うのはおかしい。こんな理屈は、通常の歴史研究では通用しないであろう。

まがりなりにも「立証」されているのは、この人物の戦争犯罪を謝罪する姿勢の真剣さに疑問があるという程度のことであろう。この秦氏が体験したウソかホントかわからない個人的エピソードをもって、この人物を「詐話師」というのは、大変な論理の飛躍である。一種の詭弁というべきだ。

別の角度からも検討しよう。秦氏の個人的エピソードを仮に「事実」と考えても、秦氏の言い方は、戦争中の残虐行為を感情的に肯定してしまうことがある加害者の矛盾した心理（精神的後遺症と思う）を道徳的に非難するものだ。その人格を貶め、その証言そのものを「ウソ」とする。仮にこの論法を秦氏自身に当てはめて、秦氏がそういう道徳的批判をするにふさわしい人物かどうかも検討しよう。

秦氏の著作の第六章「慰安婦たちの身の上話」には、佐竹久憲兵准尉の戦争中の回想が紹介され、慰安所がないので憲兵による強姦が多発したとしている。それについての秦氏の感想がとんでもない。

いわく「強姦する憲兵もいたくらいだから、末端部隊のお行儀はかなり悪かったのかもしれない」（198頁）。

占領地フィリピンでの日本軍兵士の強姦の横行という、残虐な戦争犯罪を「お行儀はかなり悪かった」としか認識できないモラルこそ、秦氏の人格の下劣さを象徴している。秦氏には、戦争犯罪を謝罪する人物を道徳的に批判する資格はない。秦氏の論法を当てはめれば、秦氏自身が「詐話師」になってしまう。

道徳性の比較でいえば、吉田氏は、その著書の「あとがき」などを一読すれば、秦氏とは比べ物にならない。若干の紹介をしたい。

「朝鮮民族に、私の非人間的な心と行為を恥じて、謹んで謝罪いたします。吉田清治――私はこの文を三十年前に書くべきだった。戦前、朝鮮民族に対して犯した人間としての罪を、私は卑怯にも三十年間隠蔽して語ろうとしなかった。その結果、第二次大戦で外国人（朝鮮人・台湾人・中国人…等）を一千万人も殺した戦前の私たちと同じように、現在の日本人も排他的な国益の概念を愛国心だと盲信して、人類共存の理念に反する諸法令をつくり、弱肉強食の獣性に堕ちている。…在日外国人を尊敬しないで、日本人が外国で尊敬されるはずがない」（『朝鮮人慰安婦と日本人』77年、の「あとがき」から）

日本の侵略戦争や植民地支配への痛切な反省が、吉田氏の著書には貫かれている。それが欠落した秦氏の道徳性とは、天と地ほどの違いを感じざるをえない。

第２節　ウソをつきながら、相手を「ウソつき」と断定する手法

ところで、『慰安婦と戦場の性』の論理構成は、吉田氏を初めから「詐話師」と疑う非論理的なものだが、それでも、秦氏が、どの段階で吉田氏を「詐話師」と断じたのかを探ると、また発見がある。

それは、論理構成の最後に出てくる場面、すなわち、済州島の記者・許栄善女史に秦氏が問い詰められ、秦氏が「答に窮した」と書く段階がそうだと思われる（同著２３３頁）。同著には「答に窮した」とあるが、実際には秦氏はとうとうと答えている。つまり、同著のこの部分は明らかなウソである。

何と秦氏が答えたかは、済州島の調査を秦氏が初めて記述した論文「昭和史の謎を追う――第37回・従軍慰安婦たちの春秋」（『正論』92年6月号所収）にある。

そこの記述をそのまま紹介する。「『何が目的でこんな作り話を書くんでしょうか』と、今は済民新聞の文化部長に移っている許女史に聞かれて私も窮したが『有名な南京虐殺事

件でも、この種の詐話師が何人も現われました。彼らは土下座してザンゲするくせがあります』と答えるのが精一杯だった。聞くところによると、くだんの吉田氏も何回か韓国へ謝罪の旅に出かけ、土下座したり慰安婦の碑を建てたり、国連の人権委員会へ働きかけたりしているようである」

この秦氏の許女史への回答は、済州島の記者が「吉田証言」を「作り話」と言った（彼女の記事にはそう書いてない）ことをそのまま肯定し、「彼らは土下座してザンゲするくせがあります」といって吉田氏を「詐話師」の一人に加えていることがわかる。しかも、この秦氏の回答を記述した、この論文の一節の小見出しは「慰安婦狩の虚構」である。

秦氏は「答に窮した」のではなく、許女史の詰問に「窮した」（困ったという意味）というのが本当だ。どうも、秦氏はそれとなくウソをつく「くせ」があるようだ。ウソをつきながら、相手を「ウソつき」と断定する手法も、詭弁の一種に違いない。

第3節　裏どり証言がないだけで、証言を「ウソ」と断定する手法

秦氏がずるいのは、この論文の最後の記述である。「もちろん済州島での事件が無根だとしても、吉田式の慰安婦狩がなかった証明にはならないが、いまのところ訴訟の原告をふくめ百人近い被害者側から該当する申告がないのも事実である」と書いている。

秦氏は、〝どうしてこれが「慰安婦狩り」を否定する根拠になるのか〟という専門家筋の批判を予想して、あらかじめ自分の論文は「吉田式の慰安婦狩」を「否定する証明にはならない」と、予防線をはっているのだ。

しかし、この秦氏の論文は、産経新聞が92年4月30日付で、「吉田証言」の信憑性に疑問をつきつけたものとして、裏づけ取材もされないで大きく報道された。その見出しを紹介しよう。

「朝鮮人従軍慰安婦　強制連行証言に疑問　秦郁彦教授が発表――加害者側の〝告白〟被害者側が否定」

おいおい、である。秦氏が「貝ボタン組合の役員をしていたなどという何人かの老人たちと会い、確かめたところ、吉田氏の著作を裏づける証言は得られなかった」ということや、「吉田証言」について、済州島現地の新聞記者が一部の地元民を調べ、裏づけ証言をする人が「ほとんどいない」という結果だったということだけである。

いわば、歴史研究者として証拠が見つからなかったといった、あまりニュース価値のない研究失敗の「発表」である。なのに、「強制連行証言に疑問」という見出しはないだろう。〝裏づけ証言が得られなかった〟〝秦氏が不明を恥じる〟という見出しの方が適切ではないか。もう一つの見出しの「被害者側が否定」も、意味が分からない。済州島の老人や新聞記者は「被害者側」なのか。

この記事には、産経記者の電話取材による、吉田清治氏の次のようなコメントを掲載している。「私は事実を書いた。…儒教の伝統が強い韓国では、仮に強制連行であっても一族に従軍慰安婦がいたということは末代までの名折れであり、本当のことを言うはずがない。被害者の家族が名乗り出ないのは当然であり、済州島の古老の人たちが本当に（秦教授らに）事実を話したかどうか、分らない。私は済州島の被害者の家族からお礼の手紙ももらっている」

秦氏のコメントも併せて掲載してあるが、自らの不明を恥じるのではなく、あたかも「吉田証言が疑わしい」といえる発見があったかのように言うところが彼らしい。「今回の調査結果によって、吉田氏の〝慰安婦狩り〟が全否定されたことにはならないが、少なくとも、その本の中でかなりの比重を占める済州島での〝慰安婦狩り〟については、信ぴょう性が極めて疑わしい、といえる」

ただし、産経新聞と言えども当時は、この程度の現地調査で、「吉田証言」を「ウソ」とか「虚偽」などと全面否定しない見識を持っていたことがわかる。

ところが、いまの産経新聞の見地は違う。この論文は、最近の産経新聞社発行の月刊誌『正論』14年11月号に再録されているのだが、その前文には「90年代に猛威を振るった『慰安婦強制連行』説。その根拠だった吉田証言の嘘を見抜き、ついには朝日新聞に白旗を上げさせた重要論文！」とある。いつのまにか、この論文は「吉田証言の嘘を見抜いた」論文にされている。

裏どり証言が、いろいろなやむを得ない事情で得られないことをもって、その証言を「ウソ」と断定する手法は、やはり詭弁の一種だ。

この詭弁だが、実は朝日の検証記事にいたるところで見受けられる。「『済州島で連行』証言、裏付け得られず虚偽と判断」「読者のみなさまへ——吉田氏が済州島で慰安婦を強制連行したとする証言は虚偽だと判断し、記事を取り消します。当時、虚偽の証言を見抜けませんでした。済州島を再取材しましたが、証言を裏付ける話は得られませんでした。研究者への取材でも証言の核心部分についての矛盾がいくつも明らかになりました」

朝日は、ジャーナリズムの実証的手法を投げ捨て、このいかがわしい詭弁の手法まで、受け入れてしまったのだろうか。

ちなみに赤旗の検証記事は、こう書いている。「この『吉田証言』については、秦郁彦氏（歴史研究家）が92年に現地を調査し、これを否定する証言しかでてこなかったことを明らかにしました（『産経』92年4月30日付）」

ここには、右翼論客である秦氏への批判的見地も、右翼紙・産経新聞に対する警戒もない。諸手を挙げての賛美である。しかも、朝日や秦氏と違って、赤旗は、裏づけのための済州島の現地取材さえ、やった形跡がない。

秦氏の1回だけの現地取材をもって「（済州島では）これを否定する証言しか出てこなかったことを明らかにしました」とのべている。

話はそれるが、一つだけ、注目すべき吉田氏の発言部分を強調したい。「私は済州島の被害者の家族からお礼の手紙ももらっている」という部分だ。

産経新聞は「吉田証言」を虚偽だとキャンペーンをしながら、この発言をいまだに取り消していない。朝日に対して〝裏どりをしないで吉田証言を掲載した〟と徹底的に非難する産経新聞だから、当然、この発言部分も裏どりをして掲載したものと思いたい。

産経新聞紙上ではこの「吉田証言」は生きている。なお、手紙の当時の差出人は、済州島の住民だとは限らないことに注意を喚起したい。今回公表の吉田インタビューは、その差出人が大阪在住の在日コリアンの人たちだと示唆している。そこに今後の裏づけ調査の手がかりがあるのではないか。

第４節　電話取材での言質を証拠に、「ウソつき」と断定する手法

秦氏『慰安婦と戦場の性』で、「吉田証言」を否定する論拠で、いま一つ、気にかかるのは、第七章「吉田清治の詐話」の後半で、吉田氏の証言がほとんど虚構であることを自認したという「事実」がすべて、秦氏による電話取材であることである。

同著は２４７ページの脚注で次のようにいう。「吉田は私との直接会談は拒絶したが、長時間の電話インタビューには常に応じた。感謝したい。インタビューは一九九二年三月十三日、同年三月十六日、九六年三月二十七日、九七年四月六日、九八年九月二日に実施

した」

5回にわたる研究者の取材が、すべて電話取材であることは、ジャーナリストの端くれである私からみて、大きな問題である。相手の証言を肯定する場合の取材なら、電話でおこなっても、問題ない場合はある。

しかし、秦氏の取材目的は相手の証言を「ウソ」と証明するための取材である。こんな取材を電話ですることは、ジャーナリストなら、ありえない。相手の名誉にかかわる証言である。電話で秦氏がメモを取りましたといっても、それは相手の証言を否定する証拠にはならない。

面会してインタビューすれば、公表を前提にしているかどうかも確認できるし、録音もし、写真もとる。声だけでなくその人の話し方や雰囲気など、面会でしかわからない多角的な情報も入る。

だから、ジャーナリストは現場を大切にする。面会もしていない相手が自己否定する電話インタビューなど、まともな新聞社なら、そんな記事を掲載することはない。

秦氏は、吉田氏のコメントを、事前に吉田氏に公表すると確認した形跡がない。ジャーナリストなら公表・報道することを事前に確認するのが常識である。微妙な表現は、事前に点検してもらうこともある。証言者が、自分自身の過去の証言を訂正したり、否定する場合は、なおさら慎重に確認する。秦氏が吉田氏から聞いたとする、〝自分はウソをつきました〟というコメントは、そのような慎重な確認をしている形跡はない。

だいたい、命がけで加害者側から戦争犯罪を証言してきた吉田氏が、よりによって自らを「詐話師」と誹謗中傷する秦氏に、証言はウソでしたと「自白」するわけがない。あまりに大きなウソは逆に見抜かれにくいと、秦氏はたかをくくっているのかもしれない。

電話取材は、犯罪捜査の「自白」と似ている。容疑者を密室で取り調べて「自白」させても、それは科学的な証拠にはならない。なぜなら、警察・検察による密室での取り調べは、電話取材と同じく、いろいろな脅しや利益誘導も可能で、どのようにでも調書をでっちあげられるからである。密室での取り調べは、冤罪の温床といわれる。

だいたい、面会しての取材を秦氏はなぜ断られたのか。秦氏はそれを明らかにしていない。吉田氏が秦氏をまともな研究者だと思っていなかったからだろう。吉田氏は、少なくとも吉見教授らには会っている。その違いは何かを考えるべきだ。

秦氏は、吉田氏が「済州島の慰安婦狩りはフィクションを交えてある。彼女たちに迷惑がかからぬよう配慮して場所も描写もわざと変えてあるが、事実の部分もある」（２４６頁。

96年3月27日の電話取材）とか、「（秦氏が吉田氏に『吉田の著書は小説だった』という声明を出したらどうか、とすすめたのに対して）私にもプライドがあるし、八十五歳にもなって今さら……このままにしておきましょう」（２４６頁。98年9月2日の電話取材）とか言ったとして、鬼の首を取ったように書いている。引用が正確かどうかだけではない。そのやりとりで、秦氏側から、どのような脅し・利益誘導があったかもわからないではないか。

自分が行った電話取材だけの恣意的な「証言」を根拠に、自著で「吉田の巧妙な詐話」「虚言を弄する吉田という男」「ある意味ではもう一人の麻原彰晃ともいえないか」「吉田という一人の老人が内外に流した害毒」などと、激しい言葉で吉田氏を「ウソつき」よばわりする「歴史研究者」を、事実に誠実な研究者だと信頼する人はどうかしている。

第5節　白を黒といいくるめるための、引用改ざんの手法

秦氏の著作は、「吉田証言」を否定したという2人の研究者の著作を紹介している。一

人は戦争責任資料センター会員の西野留美子（「西野瑠美子」と書かれた著作もある）氏、もう一人は中学教諭の久保井規夫氏である。

まず、西野留美子氏の著作『日本軍「慰安婦」を追って』（梨の木舎、95年）を、秦氏は次のように紹介している。

「西野留美子のように『双方にとらわれないで、できるだけ客観的な聞き取りをしたい』と下関まで出かけて吉田と面識のある元警察官と会い、済州島の慰安婦狩りについて『いやあ、ないね。聞いたことはないですよ』との証言を引き出した人もいる」（秦『慰安婦と戦場の性』２４２・２４３頁）。

この秦氏の著作の引用を素直に読めば、西野氏が吉田証言を否定したとしか思えない。しかし、実際の西野氏の著作に当ると、次のように書かれている。

「吉田証言のもつ意味は大きい。だからこそ彼の話の裏付けをとろうと追跡調査を試みた人は、これまでも何人かいる。そしてその調査の結果は、『吉田証言は信憑性に欠ける』というものであった。吉田証言を確かめたいという思いはもちろんであるが、どういう人たちがどういった証言をしたのか、私の関心はむしろそこにあった。否定の結論は、どういう証言により導かれたのかということである。…聞かないままに悶々とするよりは、直接話を聞けば、少なくとも手応えとその結果の判断は自分に委ねられるわけだ。自分で確かめたい。吉田証言をたどるため、私は友人と山口県に飛んだ」(70頁)

「これまでにも吉田証言の検証は、何人かの学者・歴史研究家らによってなされてきた。今回の旅は、双方にとらわれないで、できるだけ客観的な聞き取りをしたいと思っていた。…しかし連絡をとってみると、ここ二、三年で亡くなられている方やアルツハイマーなどで入院中の方などが多く、出発前にまず五〇年近い歳月が阻む限界にぶつかったのだった」(76頁)

「当時下関市警察の労政課で、産業報国会の主事をしていたという吉本茂さんは一九一五年(大正四年)三月生まれ、今年七九歳の純朴そうな方だった。……

――慰安婦の徴用について聞きたいのですが、それを証言している方に、労務報国会の吉田清治さんという方がいるのですが、ご存知ないですか。

『ええ、知っていますよ。一、二度会ったこともありますよ。労務報国会というのは、産業報国会ともども労政課が関知していまして、顔見知りの関係ですからな。しかし労務報国会の方は会社対象ではなく、大工、左官や日雇い労務者などが相手ですから、深く付き合ったわけではありません』

――その労務報国会で、済州島に慰安婦の狩り出しに行ったというのですが、そういう話は聞いたことがありますか。

『いやぁ、ないね。聞いたことはないですよ。しかし管轄が違うから何とも言えませんがね』

――吉田さんの話では、下関の大坪からも在日の朝鮮人女性を集めたようですが。

『まぁそうですなぁ……下関の朝鮮人部落といったら大坪ですが……やったかもしれん。やったとしたら、特高でしょうなぁ。県の特高の出張所が下関署内にありましたから』」（80～84頁）

少々長い引用になったが、秦氏が引用する元警察官・吉本茂氏の証言とは、「いやぁ、ないね。聞いたことはないですよ」のあとに、「しかし管轄が違うから何とも言えませんがね」という話が続いているのが実際である。後半部分を秦氏は意図的に落としている。また、吉本氏は下関・大坪からの慰安婦徴用については「やったかもしれん。やったとしたら、特高でしょうなぁ」と証言している。この部分を秦氏は引用すらしていない。

西野氏の著作をまともに読めば、この元警察官は、済州島の慰安婦狩りについて「管轄が違うから何とも言えませんがね」といい、下関・大坪の慰安婦徴用については「やったかもしれん」と証言している。「聞いたことはない」とはいわず、「やったかもしれん」というのだ。これは、限りなく吉田証言を裏づけている。

次に、久保井規夫氏の著作『教科書から消せない歴史――「慰安婦」削除は真実の隠蔽』（明石書店、97年）を、秦氏は次のように紹介している。

「久保井規夫のように『吉田証言は信憑性がないことは（秦氏によって）立証された』『私は朝鮮では公然と暴力を振っての……強制連行は少なかったと判断』と書く人もいる」（秦『慰安婦と戦場の性』243頁）

この秦氏の著作の引用を素直に読めば、久保井氏が吉田証言をやはり否定したとしか思えない。しかし、実際の久保井氏の著作には次のように書かれている。

「『自由主義史観研究会』の藤岡信勝氏は、日本軍『慰安婦』を娼婦と決めつけ、次のように主張する。…日本軍『慰安婦』を娼婦と決めつけた誤魔化しには次の節で改めて反論するとして、此処ではもう一つ決めつけている『強制連行焦点説』と言うものに反論する。藤岡氏の主張を続けよう。『強制連行を主張している人々は何を根拠にそう言い立てているのだろうか。自分が強制連行したと称する日本人の証言である。他ならぬ実行犯の告白であり、しかも一見した処自分に不利な事実の暴露なので信用できると思われるのがねらいである。吉田清治著『私の戦争犯罪　朝鮮人強制連行』（三一書房、一九八三年）がその「証言」である。しかし、この本は既にその虚構性が完全に暴露されており、このような資料に基づいて強制連行があったかのように教える事は、言わば史実の捏造をもとにした教育を行う事を意味するのである。』と言う（藤岡信勝著『汚辱の近現代史』徳間書店）。この吉田証言が崩せた事で彼らは勢いづいたようである。吉田清治氏…の証言の『虚構性を暴露した』のは『つくる会（今田注＝新しい歴史教科書をつくる会）』の賛同人の一人でもある秦郁彦氏（千葉大学教授）の調査である。彼らが吉田証言を虚偽とした調査の経過は、板倉良明『検証「慰安婦狩り」懺悔者の真贋　阿鼻叫喚の強制連行は本当にあったのか』（文芸春秋『諸君』一九九二年七月号）に詳しいので要約してみよう。……吉田氏の証言は、秦郁彦氏の現地調査によって否定された（『産経新聞』一九九二年四月三〇日付）とする。……長々と紹介したが、要するに、秦氏の現地調査では、貝ボタン工場での、『慰安婦』の暴力的な強制連行の裏づけはとれなかったので吉田証言は疑問である（此処までは良いが）。だから、『慰安婦』の強制連行は一切が『史実の捏造』だと曲論するのである。私も、現場教師であるとともに、歴史研究家の端くれと思っている。率直に私自身の判断を述べよう。必ず、証言・資料についての検証は大切であり、吉田氏自身のきちんとした釈明・反論がなし得ない限り、吉田証言については、誇張・創作・増幅された形跡があり、秦氏の調査・指摘で信憑性がない事は立証されたと見る。吉田証言は、歴史資料としては採用できない。…吉田証言が否定されたとしても、すべての元『慰安婦』の証言に見られる、数々の強制された史実をすべて否定できるとするのは暴論の極みであり、歴史家とは言えない。一で百を否定はできないのである」（97〜101頁）

これも長い引用になったが、要するに久保井氏は「秦氏の調査・指摘で（吉田証言が）信憑性がない事は立証されたと見る」と言うものの、その文章の直前に「吉田氏自身のきちんとした釈明・反論がなし得ない限り」という留保条件をつけている。

秦氏は、この留保条件を引用せず、久保井氏が無条件に「吉田証言は信憑性がないことは（秦氏によって）立証された」と記述しているようにみせかけている。

この著作は吉田氏が死亡したとされる2000年7月（朝日14年8月5日付）より前の97年に刊行されており、吉田氏の釈明・反論を促したものでもあったかもしれない。秦氏の留保条件を無視した引用は、我田引水という。これも引用の改ざんの一種である。

ついでにいえば、「私は朝鮮では公然と暴力を振っての……強制連行は少なかったと判断」という久保井氏の記述は、ここでは紹介しないが彼自身の独自分析による「判断」であり、吉田証言を虚偽としたものではない。「（朝鮮では）強制連行は少なかったと判断」と言う慎重な記述にそれが表れている。

以上のように、秦氏の著作は、吉田証言を否定していない研究者の著作を、あたかも否定しているように見せかける巧妙な引用の改ざんをしている。まさに白を黒といいくるめる手法である。

第６節　何人もの研究者が秦氏の著作のデタラメさを指摘

秦氏の『慰安婦と戦場の性』のこのようなデタラメさを指摘するのは、私が最初ではない。何人もの研究者が、それをしてきた。しかし、秦氏はそうした批判を事実上無視し、訂正すらしていない。

時系列順に、その批判論文を紹介したい。

（１）前田朗・東京造形大学教授「天に唾する素人研究家――秦郁彦（日大教授）の呆

れた無断盗用」（『マスコミ市民』99年10月号）

（2）南雲和夫・法政大学講師「写真の『引用』と『盗用』 秦郁彦『慰安婦と戦場の性』（新潮社、一九九九年）の写真盗用問題について」（同右）

（3）林博史・関東学院大学経済学部教授「秦郁彦『慰安婦と戦場の性』批判――研究者にあるまじき牽強付会」（『週刊金曜日』99年11月5日号）

（4）前田朗・東京造形大学教授「秦郁彦の『歴史学』とは何であるのか？――『慰安婦と戦場の性』に見る手法」（『戦争責任研究』2000年春季号）

まず、第1の前田論文である。

この論文は、秦氏『慰安婦と戦場の性』の322ページに、出所を示さずに掲げられた「国連の人権機構」と題する組織図が、前田氏の論文「『慰安婦』討議と日本政府の対応」（『週刊金曜日』180号）に掲載された前田氏オリジナルの図を無断盗用したものだという批判をしている。この指摘に対して、新潮社出版部は、事実上の無断盗用を認め、「心よりお詫び申し上げます」としたという。

しかし、秦氏は『戦争責任研究』2000年夏季号の論文「前田朗氏への反論――『盗用』問題について答える」で、反論を試みている。あれこれと弁解しているが、要するに、「新潮社は私と協議して担当編集者から…週刊金曜日を参考にしたこと、次回の増刷からは『参考資料として同頁に明記いたします所存でございます（案文をそえ）。もしくはどのような記載をされて《ママ》いただければ宜しいでしょうか』との返事を送った。しかし、今までのところ前田氏からはイエスともノーとも回答が来ていないようである」というものだ。残念ながら、私が最近購入した『慰安婦と戦場の性』（14年5月20日12刷）の３２２ページの図には、依然として、引用を示す注記はない。

　秦氏は、その反論の中で「私はこの本は学術書ではなく一般書なので、注の数はあまり増やしたくないと考えていた。それでも、第十一章の『1国連と国際ＮＧＯ』という八頁半の小節には六個の注を入れた。その注（３）に『「週刊金曜日」九八年五月二十九日号の前田朗稿を参照』とある。組織図の中ではないが、参考にしたことを公示するには同じ小節のすぐ近傍にあげているのだから常識的、慣行的には足りると考えてもよいのではないか」と居直る。

「注（３）」が付されているのは、「四月六―九月の人権委員会で、フィリピン、インドネシア政府代表は発言しなかったが、韓国、北朝鮮代表や三つのＮＧＯ代表が、アジア女性基金を非難し日本政府の法的責任を問うた」（３２７頁）という記述である。その記述

を解説する形で、「注（3）」は次のように書いている。「『週刊金曜日』九八年五月二十九日号の前田朗稿を参照」（329頁）

この注を見て、322ページの図の引用先を示していると理解する読者はいない。図の盗用をなんとかごまかそうとする、秦氏の不誠実な態度に恐れ入るだけである。

第2の南雲論文を見る。

この論文は、秦氏『慰安婦と戦場の性』に掲載された3枚の写真が、村瀬守保『私の従軍中国戦線』（日本機関紙出版センター、88年）に掲載されている写真であることを指摘し、秦氏の著作にその出典がないので、写真盗用であると批判するものだ。

著作権法を引くまでもなく、写真を自著に掲載する場合、自分が撮影したものでなければその出所は当然書かなければならない。さらに、撮影年月日や、場所、簡単な説明などの「絵解き」をつけることは、ジャーナリストとしては当然のモラルである。出所が明示されていなければ、その写真は著者自身が撮影したものと、読者は考える。まさに「盗用」になる。しかも、上記の絵解きがなければ、せっかくの歴史的写真も、読者にはその史料的価値もわからない。

秦氏の著作には、この3枚だけでなく、掲載されている約30枚の写真のほとんどに出所が示されていない。南雲氏でなくても、ジャーナリストなら、大変な違和感を持つ著作である。

ところが秦氏は前出の反論でこういう。「（南雲氏からの電話での問い合わせに対して）使った写真（二十数枚）は、四～五年かかった執筆期間に出版社と双方で袋に収集していた百枚近い写真のなかから選んだ、そのつど出典や説明を裏に書いておくことにしたが、忘れたものもあり、出所不明のものもあった、毎日新聞や共同通信から買ったものもある、と説明した」

この反論で、秦氏の写真盗用は立証されたようなものである。まともな研究者なら、出所不明の写真をけっして使わない。毎日新聞などから買ったとしても、それを明記する。秦氏は反論の中で、著作権者に内規の使用料の4倍に当る1枚2万円、合計6万円を事後に支払ったと弁解するが、盗用は、発覚後に使用料を払ったら、免罪されるものではない。秦氏は、その後、版を重ねても著作の写真に「村瀬守保写真集から」という最低限の絵解きもつけていない。

驚くのは、「詐話師」などと中傷する故・吉田清治氏の顔写真（231頁）も「ヒックス（豪州人ジャーナリスト）から借用したことが判明した」と秦氏が反論の中で認めていることだ。

秦氏の著作に掲載されている吉田氏の顔写真の絵解きは、単に「吉田清治」である。呼び捨てである。撮影者も日時も場所も書かれていない。秦氏の写真の扱いは「借用」などという、なまやさしいものではなく、「盗用」そのものだ。

それだけではない。自分が批判されると、他の研究者も出典を明示していないと、卑怯な弁解をしている。秦氏は、西野瑠美子『従軍慰安婦と十五年戦争』（明石書店、93年）をあげ、「巻頭のグラビアなどに十数枚の慰安婦関連の写真が出ているが、…出典を明示しているものは一枚もない」と矛先を他者に転じる。それを読んだ読者は、ああそうか、あの西野さんもやっているのかと、秦氏を許してしまうかもしれない。

しかし、私は、念のため、国会図書館に行って調べてみた。秦氏には悪いが、西野氏の著作の「あとがき」には、こうある。「この本をまとめるにあたっては、多くのかたがたの暖かい励まし、ご助言、ご協力をいただきました。…多くの写真、資料を提供してくださった香川弘三さん、石川徳治さん、…他にも多くのかたがたのご協力と支えをいただきました。本当にありがとうございました」（252〜253頁）。何をかいわんやである。

続いて、第3の林論文を見る。

林氏の批判は、網羅的である。本論評でも大いに参考にさせていただいた。中でも「中学校の教科書から『慰安婦』の記述を削除させようとする運動の仕掛け人は秦郁彦であった」という指摘はするどい。

その根拠を林論文から引用しよう。

「南京大虐殺の中で日本軍兵士によって地元女性に対してすさまじい強かん等の性暴力が行なわれ、そのことが日本軍による組織的な性暴力である軍『慰安婦』制度を本格的に導入する理由となったことはよく知られている。南京大虐殺と『慰安婦』問題の認識は切り離せない。…藤岡信勝氏は一九九五年六月の南京事件についてのパネルディスカッションで秦氏から『次の企画として「従軍慰安婦」問題をとりあげることをサジェストされ』『その後も秦氏からは折にふれて慰安婦問題の情報をいただいていた』（『教育科学』九六年一一月号）と、秦氏の役割を正直に述べている」

藤岡信勝という名前を見て、ピンとくる人もいるだろうが、彼は現在でも「南京事件はなかった『被害者』はゼロ」（『週刊金曜日』14年11月7日号、本多勝一氏との誌上討論から）と極論し、南京大虐殺事件の記述を教科書から削除しようとする右派デマゴーグのチャンピオンの一人だ。

その藤岡氏に、南京大虐殺事件の次は従軍慰安婦の削除をと「サジェスト」したのが秦氏だというのだから、秦氏の右派デマゴーグとしての位置付けがよくわかる。

その秦氏が書いた『慰安婦と戦場の性』という著作について、林氏は次のように批判する。「この本は、内容以前に物事を研究するうえでの基本的なモラルに関わる問題、すなわち写真や図表の無断盗用、資料の書換え・誤読・引用ミス、資料の混同、意味を捻じ曲げる恣意的な引用・抜粋などが目につく」と。その具体例として、先の前田朗氏の論文などを紹介している。

林氏のオリジナルの秦氏批判の具体例も興味深い。いくつもあるが、その一つを紹介したい。

「（秦氏の）資料の扱いも杜撰である。たとえば、一九三八年に内務省が陸軍からの依頼をうけて『慰安婦』の徴集の便宜を図った資料がある。この本では内務省警保局の課長が局長に出した『伺い書』が、内務省から各地方庁への『指示』に化けている。さらに五府県に『慰安婦』の数を割当てているが、その人数がでたらめで、資料では合計四〇〇人になるのに、氏の数字では六五〇人とされてしまっている。引用も言葉を勝手に変えたり、付け加えたり、およそ研究者の仕事とは思えない（五六ページ）」

この林氏の指摘は、もしこうした杜撰な資料の扱いを秦氏がやっていたなら、研究者として致命的なものとなる。

まず、秦氏の著作から、該当個所（54～56頁）を抜き出してみよう。

「一九三七末から翌年一月にかけて、各県の警察部は軍から依頼されたとして大規模な戦地向け慰安婦の募集プロジェクトに業者が暗躍していることを知る。

調べてみると、元凶は神戸福原遊廓の大内藤七という男で『上海派遣軍陸軍慰安所に於て酌婦稼業（娼妓同様）を為すこと』との前提で、年季二年、前借五〇〇―一〇〇〇円で十六―三十歳の女性約五百人（あるいは三千人）を集める予定で、すでに二百―三百人が現地に渡っていることが判明した（7）。

内務省は苦慮した。『醜業を目的とするは明らかにして公序良俗に反』し、『皇軍の威信を失墜すること甚だしき』といったんは決めつけたものの、どうやら軍の希望にそったものらしいとわかったからである。

けっきょく内務省は『募集周旋等が適正を欠くと、帝国と皇軍の威信を傷つけ、婦女売買に関する国際条約にも抵触する』ので、条件付で『婦女の渡航は…必要已むを得ざるもの（8）』として当分の間黙認することとし、各県へ通達した。

条件とは『現在内地に於て娼妓其の他事実上醜業を営み満二十一歳以上』の婦女に限り、

警察署が渡航のための身分証明書を発給するに際し、婦女売買や略取誘拐でないことを確認せよというものだった。『満二十一歳以上』の条件を付したのは、すでに書いたように日本も加入していた『婦人及児童の売買禁止に関する国際条約』（一九二一）を盾にとったのである。

だが、陸軍省外務局とか内務局という自嘲的な言葉もささやかれていた御時世に、軍の威光に逆らうのは所詮はむりである。

三八年十一月には、南支派遣軍の九門少佐参謀と陸軍省徴募課長から『慰安所設置の為必要に付醜業を目的とする婦女四百名を渡航せしむる様配意ありたし』との申出が来ると、内務省は『各地方庁に通牒し密に適当なる引率者（抱え主）を選定、之をして婦女を募集せしめ現地に向かはしむるよう手配されたい（9）』と指示した。そして、大阪二〇〇、京都一〇〇、兵庫二〇〇、福岡一〇〇、山口五〇名の枠を割りあてたが、台湾総督府分の三〇〇名はすでに手配ずみとある」

脚注の「（8）」にはこうある。「同前、一九三八年二月十八日付警保局長通牒案『支那渡航婦女の取扱に関する件』（警発乙第七七号）」

脚注「（9）」には、こうある。「同前『支那渡航婦女に関する件伺』（警保局長、三八・一一・四付）」

いずれの「同前」も、脚注「（7）」のことで、「旧内務省資料（警察大学校保管の種村一夫コレクション、一九九六年十二月、日本共産党議員へ交付、『赤旗』評論特集版一九九七年二月三日付）」というものである。

「赤旗」評論特集版97年2月3日付とは、八木絹「赤旗」理論解説部記者が書いた論文「旧内務省資料でわかった『従軍慰安婦』の実態――内務省・警察が徴集させ、軍が設置・運営」に添付された5件の資料のことである。この資料は「昨年（九六年）十二月十九日、従軍慰安婦問題にかんする旧内務省資料が、警察庁から日本共産党の吉川春子参院議員に提出され」（同論文）たもので、「旧内務省の職員だった種村一夫氏（故人）が寄贈し、警察大学校に保存されていた資料」（同）という、画期的なものだ。

その「資料の書換え・誤読・引用ミス、資料の混同、意味を捻じ曲げる恣意的な引用・抜粋」を列挙しよう。矢印の上（右）が秦氏の記述、下（左）が引用した「赤旗」評論特集版掲載の資料だ。

★「調べてみると、元凶は神戸福原遊廓の大内藤七という男で『上海派遣軍陸軍慰安所に於て酌婦稼業（娼妓同様）を為すこと』との前提で、年季二年、前借五〇〇―一〇〇〇円で十六―三十歳の女性約五百人（あるいは三千人）を集める予定で、すでに二百―三百が現地に渡っていることが判明した（7）」→不可解なことに、脚注（7）に示された「赤旗」評論特集版掲載の資料には該当記述はない。

★「けっきょく内務省は『募集周旋等が適正を欠くと、帝国と皇軍の威信を傷つけ、婦女売買に関する国際条約にも抵触する』ので、条件付で『婦女の渡航は…必要已むを得ざるもの（8）』として当分の間黙認することとし、各県へ通達した」→「婦女の渡航は現地に於ける実情に鑑みるときは蓋し必要已むを得ざるものあり警察当局に於ても特殊の考慮を払い実情に即する措置を講ずるの要ありと認めらるるも是等婦女の募集周旋等の取締にして適正を欠かんか帝国の威信を毀け皇軍の名誉を害ふのみに止まらず銃後国民特に出征兵士遺家族に好ましからざる影響を与ふると共に婦女売買に関する国際条約の趣旨にも悖ること無きを保し難きを以て旁ゝ現地の実情其の他各般の事情を考慮し爾今之が取扱に関しては左記各号に準拠することと致度依命此段及通牒候

記　一、醜業を目的とする婦女の渡航は現在内地に於て娼妓其の他事実上醜業を営み満二十一歳以上且花柳病其の他伝染性疾患なき者にして北支、中支方面に向ふ者に限り当分の間之を黙認することとし昭和十二年八月米三機密合第三七七六号外務次官通牒に依

る身分証明書を発給すること」

★「内務省は『…之をして婦女を募集せしめ現地に向かはしむるよう手配されたい（9）』と指示した」→「警務課長・外事課長が連名で警保局長に『…之をして婦女を募集せしめ現地に向かはしむる様取計相成可然哉』と『伺《うかがい》』をした」

★「『慰安所設置の為必要に付醜業を目的とする婦女約四〇〇名を渡航せしむる様配意ありたし』との申出が来ると、内務省は…大阪二〇〇、京都一〇〇、兵庫二〇〇、福岡一〇〇、山口五〇名の枠を割りあてた」→「慰安所設置の為必要に付醜業を目的とする婦女約四〇〇名を渡航せしむる様配意ありたし」との申出が来ると、内務省は…「大阪（一〇〇名）、京都（五〇名）、兵庫（一〇〇名）、福岡（一〇〇名）、山口（五〇名）」の枠を割りあてた。

私が気づいた引用の改ざんは以上だが、秦氏の資料の扱いは、林氏が厳しく指摘するように「杜撰」というほかはない。

最後になるが、第４の前田論文を見る。

この論文は、先の林論文も踏まえた総括的な秦氏への批判になっている。批判内容は「図版盗用」「写真盗用」「伝聞・憶測・捏造」「国際法の理解をめぐって」と全面的である。その結論部分だけを紹介する。

「本書（秦『慰安婦と戦場の性』のこと）には、すでにいくつかの指摘がなされているように、実は学問的著作といえるのかどうか根本的な疑問が残る。しかも、それは著者自身が立てた基準に照らしても、『まさに失格』といわざるをえない疑問である」

「日本軍『慰安婦』問題は、半世紀を超える沈黙と暗闇の彼方から、想像を絶する勇気をもって証言し、日本に対して責任追及を試みた多くの被害者たちの闘いによって歴史に刻まれ、その解決が求められている問題である。…〈盗用・伝聞・憶測・捏造の歴史学〉などが口を出すべき問題ではない」

第7節　戦中の特高警察の流れを汲む反共謀略組織の代弁者の疑い

秦氏の著作には、研究者とは思えない杜撰な叙述がある一方、公安警察など、反共謀略組織しかわからないような吉田氏の経歴について、不自然に詳細な暴露がある。

それをよく示しているのが、245ページに掲載された「吉田清治の証言——虚と実の比較」と題した13項目の一覧表である。

左の「本人の陳述」という項目をみよう。①氏名、②生年月日、③本籍地、④学歴（A）、⑤学歴（B）、⑥職歴（A）、⑦職歴（B）、⑧金永達、⑨入獄、⑩結婚、⑪労務報国会、⑫済州島の慰安婦狩り、⑬戦後の略歴。

右に「実際」とあって、左の「本人の陳述」の真偽が書かれている。

問題なのは、⑪と⑫を除き、あとの11項目が吉田氏のプライバシーに属するものであることだ。それを秦氏は「嘘で固めたライフ・ヒストリー」といいながら、プライバシーを暴こうとしている（２４３頁～）。

この姿勢に大変な違和感を持つのは、私だけであろうか。

「吉田証言」の信憑性を検証するなら、何はさておき、その核心である南朝鮮での従軍慰安婦狩りの事実こそ、調査すべきであろう。秦氏の「研究」は、そうした現地調査は適当に済ませて、そのエネルギーのほとんどを、吉田氏の身辺調査にあてている。何のための調査なのだろう。

11項目のプライバシーにかかわる経歴の中で、事実と違うと確認されているのは、①氏名、③本籍地、⑧金永達、⑩結婚の４つだけ。氏名はペンネームなので、それがウソだと言っても意味がない。本名をなぜ、暴かなければならないのか。本籍地が山口県とある（吉田氏の著作『朝鮮人慰安婦と日本人』19頁）のに、本当は福岡県だったというのも、ペンネームを使った趣旨からいって、本人が隠そうとしているものであり、それをどんな調査をしたのかはわからないが、本人に了解もなく暴いている。吉田氏の1作目の著作に出てくる金永達氏についても、本名を暴露したりする目的がわからない。同様な朝鮮人を養子にしていることが確認されただけでも、吉田氏の著作の信憑性は高い。吉田氏の結婚の時期が、数カ月ずれているというのも、どうでもいい枝葉末節のことである。

吉田氏は2作目の著作『私の戦争犯罪』の「まえがき」で次のように書いている。「私のこの記録は、四十年近い過去の事実を、現在まだ生きている当時の部下たち数人と何回か語りあって思い出したり、現地から亡妻や親戚友人たちへ、労務報国精神を誇示して書き送っていた私の手紙を回収したりして、記憶を確かめながら書いたものである」（4頁）。また、最後の章（「第三話」）の末尾の「付記」には「文中の氏名は、本人や遺族から公表することを拒否され、すべて仮名にしました」と書かれている。

こうした断り書きを吉田氏がしたのは、吉田氏以外の関係者は、証言や事実を公表されるのを嫌がっていたということを示している。

それはなぜか。秦氏の著作にも、それが書かれているではないか。「（「裏づけをとりたいので、旧部下の誰かを紹介してくれ」との秦氏の要求に）この本を書く時、十人ぐらいの旧部下に一緒に書こうと誘ったが、怖がって断わられた。それで二、三人に話を確かめたのち、私一人の本として出したのだ。絶対に教えられない」（231頁）と吉田氏は答えている。

吉田氏は、旧部下の所在や氏名を詮索されないように、その部分を脚色したと示唆している。これは、戦争犯罪の加害者が、あえて体験を証言する際、当然の配慮であって、それを「ウソ」だとあげつらう方がどうかしている。

吉田氏が82歳になった晩年の96年、『週刊新潮』記者の電話取材に対して、次のように言ったという。「秦さんらは私の書いた本をあれこれ言いますがね。まあ、本に真実を書いても何の利益もない。関係者に迷惑をかけてはまずいから、カムフラージュした部分もあるんですよ。だから、クマラスワミさんとの面談も断りました。事実を隠し、自分の主張を混ぜて書くなんていうのは、新聞だってやることじゃありませんか。チグハグな部分があってもしょうがない」（『週刊新潮』96年5月2・9日号）。

このくだりは、秦氏や赤旗などが自分の論旨に都合のいい部分だけを引用し、吉田氏が自身の証言を「ウソ」と自白した決定的な証拠にしているが、曲解もはなはだしいと言わざるを得ない。

ちなみに、この『週刊新潮』記者の取材は、例の電話取材だったのだが、96年5月2・9日号の記事では明らかにされていない。あたかも記者が吉田氏に面会取材した際に、吉田氏が語ったように書かれている。天網恢恢疎にして漏らさずというべきか、秦氏の『慰安婦と戦場の性』で、「週刊新潮96・5・2／9」が「吉田氏は電話インタビューで『本に真実を書いても何の利益もない。事実を隠し自分の主張を混ぜて書くなんていうのは、新聞だってやるじゃないか』と弁じた」（238頁）と明らかにしている。

『週刊新潮』記者も秦氏と同様、吉田氏と面談していないにもかかわらず、あれこれと誹謗中傷を書いているのだ。メディアとしては最低である。

ところで、秦氏が詮索している「13項目の一覧表」の中で、吉田氏が「陳述」もしてないのに、詳しく暴いている経歴がある。それは⑬戦後の略歴である。「47年下関市議に共産党から出馬して落選、70年頃門司の日ソ協会役員をしていたほかは、職歴不明」というものだ。いったい、これは誰が暴いた「実際」なのか。一覧表の脚注の「(注2)」にこうある。「『実際』の諸事実は、1993—96年にかけ、秦、板倉由明、上杉千年らが、下関を中心に吉田の縁者、知人などを通じ調査した結果である」

板倉由明氏とか、上杉千年氏とかいう人物は何者か。国会図書館で、その名前で関連論文・著作を探った結果が、次のものである。

★板倉由明「朝日新聞に公開質問！　阿鼻叫喚の強制連行は本当にあったのか？——検証『慰安婦狩り』懺悔者の真贋」（『諸君！』92年7月号）

★上杉千年「吉田『慰安婦狩り証言』検証・第二弾——警察ＯＢ大いに怒る」（『諸君！』92年8月号）

★上杉千年「総括・従軍慰安婦奴隷狩りの『作り話』——元・共産党員、吉田清治氏の従軍慰安婦狩り証言は、真実か。その証言を検証しつつ、その『偽証』実態を明確にする」（『自由』92年9月号）

★上杉千年「連載5、作り話『南京大虐殺』の数的研究」（『ゼンボウ』92年10月号）

★上杉千年『検証　従軍慰安婦——従軍慰安婦問題入門』（全貌社、93年7月24日）

★上杉千年「（一）虚報と反日に踊る日本」特集）日本人として『教育を受ける権利は《ママ》』何処へ——『従軍慰安婦』が教科書に！」（『ゼンボウ』93年9月号）

『諸君！』『自由』『ゼンボウ』という月刊誌は、いずれも現在は廃刊・休刊になっているが、少し古い共産党関係者なら、だれでも知っている反共謀略誌である。

秦氏は、板倉氏と上杉氏とどういう関係なのか。秦氏の著作の243ページにはこうある。「私は済州島から帰ったあとも、ひきつづき自伝風に書かれた吉田の第一作を手がかりに、彼のライフ・ヒストリーを洗った。知友の板倉由明、上杉千年や出身地の方々なども協力してくれた」。彼らは秦氏の「知友」なのである。

彼らの論文や著作を読めば、彼らが日本共産党を攻撃することを主な仕事とする「研究者」たちであることは明らかである。だから、吉田氏が共産党の候補者だったことを取り立てて問題にする。

彼らの論文などを読めば、その「研究」が公安警察の手法と変わらないものであることがわかる。吉田氏が戦後直後に下関市議選で共産党の候補者として立候補して落選したという「事実」は、公安警察が最も興味を示すテーマだが、「従軍慰安婦狩り」の証言の真偽にはまったく関係はない。

そういう問題を彼らは必死になって調べている。下関市議選云々の初出を探したが、どうも上杉氏の「吉田『慰安婦狩り証言』検証・第二弾——警察OB大いに怒る」(『諸君!』92年8月号)がそのようだ。

そこには次のような記述がある。「(92年)七月号(板倉論文掲載)の発売と同時に、編集部には吉田氏の戦前の活動の舞台であった下関・福岡方面から、若干の情報が寄せられてきた。筆者上杉と（『諸君！』の）編集部が、山口県下関方面に取材の足を向けたのは、その幾つかの情報に促されてのことである。…まず、寄せられた情報を頼りにたどり着いた吉田氏の妻（故人）の実家、および幼い頃他家の養女となった吉田氏の実姉、さらに地縁のある人々の遠い記憶から、氏の最初の著書に描かれた戦前のドラマの虚と実が、一部ではあるが明らかになったことをまず報告しておくべきであろう。板倉氏が前号の公開質問の第一に挙げていた吉田清治氏の本名は『吉田雄兎』であった。おそらく『清治』はペンネームなのであろう。…ところで、ここに興味深いデータがある。昭和二十二年四月三十日に投票の行われた下関市市会議員選挙の開票結果である。『吉田雄兎一二九票』。最下位当選者の六五八票に遠く及ばぬ落選であったが、吉田氏は戦後一転、共産党から市議に立候補していたのである。この転身が、いわゆる戦後百八十度の転向を意味するのか、それともその源は朝鮮人を養子にした若き日に求めるべきなのか。吉田氏の経歴への疑念は深まるばかりである」

これが、上杉氏の調査だというが、よく読めば、「ここに興味深いデータがある」というだけで、上杉氏らに「寄せられた情報」にすぎない。だれが、この「情報」を彼らに渡したのか。それは、そういう調査を得意としている公安警察以外にないだろう。彼らは秘密の公安警察情報を簡単に受け取ることのできる「研究者」なのである。ここにも上杉氏は「研究者」とは別の顔を持っていることがうかがえる。

ところで、私は最近、山口県下関市の選挙管理委員会事務局から「昭和21年〜昭和55年選挙の記録（下関市選挙管理委員会）」という冊子の該当部分をＦＡＸで送ってもらった。そこには昭和22（47）年4月30日の下関市議会議員一般選挙の得票結果が示されており、落選者の中に日本共産党・吉田雄免、１２９票という記述がある。

しかし、それは、上杉氏の論文が言うように「吉田雄兎」ではない。「吉田雄免」だ。名前が一字でも違えば、本人かどうかは確認できない。

今回公表の吉田インタビューでも、吉田氏は「（選挙に立候補した時の名前が雄免となっているがという質問に）ええ、それをだれが、わかるかといえばですね、これは、いまの内閣調査庁《ママ》（内閣調査室、あるいは、公安調査庁の間違いか？）なんかの（しわざだ）」と指摘している。

公安警察や内閣調査室、公安調査庁は、戦中の特高警察の流れを汲む反共謀略組織である。秦氏たちは、特高警察の代弁者として、戦時中から共産党員であったかもしれない吉田清治氏の人格を必死に貶めようとしているのではないか。安倍首相ら保守政治家が吉田清治氏を「眉唾《まゆつば》もんだ」などと目の敵にするのも、特高警察流の「共産党憎悪」の思想が底流にあると思えてならない。

第8節　買春した「ホテトル嬢」にだまされた怨みが動機？

最後に、蛇足かも知れないが、やはり書いておいた方がいいことがある。それは、秦氏がなぜ、こんな著作を書いたかという動機である。

秦氏は、従軍慰安婦が国家によって強制されたという事実を絶対認めようとしない。著作の第六章「慰安婦たちの身の上話」で縷々《るる》書いているように、「慰安婦だった事実だけでも、立証困難な例が多いから、彼女たちが数十年の歳月を経て記憶だけを頼りに語る『身の上話』は雲をつかむようなものばかりである」（178頁）という姿勢である。

「慰安婦」被害者の女性に対する思いやりは皆無で、むしろ蔑視する記述がいたるところに出てくる。例えば、「現在までに名のり出た慰安婦は三百人前後で、きわめて一部にすぎないが、次のように共通したパターンは見える」（178頁）とし、4つの特徴の一つとして「知力が低く、おだてにのりやすい」（同）と分析してみせる。ここまで、「慰安婦」被害者の女性を貶めようとする研究者が他にいるだろうか。

秦氏は、慰安婦たちが日本の軍や官憲に強制されたのではなく、売春婦として大金を稼ぐためにやったといいたいようだ。これは、第六章全体を読めば、明らかである。

秦氏にすれば、慰安婦を売春婦とみなすための最大の障害が、軍や官憲による慰安婦の強制連行の実行責任者として証言した吉田氏であった。だから、秦氏は、執拗な攻撃を吉田氏に向けてきた。

秦氏はなぜ、そんなに売春婦を蔑むのか。その答えが、著作に散見される。

177ページ「昔から『女郎の身の上話』という言い伝えがある。純情な若者がすっかり信じこんでいるのを、年長者がからかい気味に戒めるときに引かれるが、最近だと女郎でなく『ホステス』や『ホテトル嬢』におきかえてもよい。当の私自身も若い頃に似たような苦い思いをかみしめたことがあるが、客を引き留める手練手管と割り切れば、さしたる実害はなかろう」。

２７４ページ「昔から『女郎の身の上話』という諺言がある。私も若い頃、ホステスの身の上話を聞かされ信じこんで先輩から笑われた経験がある」。

つまり、秦氏は暗に若い頃に買春をし、その時の売春婦にだまされて大金を失ったかもしれないという体験を披露しているわけだ。

そういう過去の行為が大学教授や研究者のモラルとして許されるかどうか。それは、いまは問わない。

右に紹介した秦氏の個人的体験は、前段の引用部分は次のように続く。「しかし、国家としての体面や法的処理に関わるとなれば、検証抜きで採用するわけにいかない」（１７７頁）。つまり、「慰安婦」被害者の証言は、売春婦の身の上話のようなものだから、それを検証なしに信じてはいけないという論理につながる。

後段の引用部分も「それにしても、裁判所へ提出する訴状なら弁護士が整理してくれるから多少はましかと思えば、高木健一弁護士らがついている慰安婦訴訟の訴状に添えられた身の上話は、お粗末なものが多すぎる」（２７４頁）と続く。これは、「慰安婦」被害者の証言は、売春婦の身の上話のようなものだからウソに違いない、だから、裁判で「慰安婦」被害者の証言を採用すべきではないという論理になる。

秦氏がこのとんでもない論理を本気で信じていることを示すのが、この著作で「慰安婦」被害者の証言を「身の上話」と一貫して書いていることである。

秦氏は、国家による従軍慰安婦の強制連行を否定することで、個人的な怨みを晴らそうとしているようである。これは、冷静で科学的、実証的な態度が要求される歴史研究にあってはならない態度である。これだけをとっても、秦氏の「研究」のデタラメさは明らかである。

ところが、秦氏はこうした批判を予想したのか、著作の「あとがき」で次のように言う。

「執筆に当っては、一切の情緒論や政策論を排した。個人的な感慨や提言も加えなかった。事実と虚心に向きあうには、そうするしかないと考えたからだ」(429・430頁)

信じがたい記述だ。秦氏が、読者を煙に巻くためなら、どんなウソでも平気でつく、底知れないずるさを持った人物であることを示している。

以上、秦氏の著作を検証してきた。それは、様々な詐欺的手法を駆使し、詭弁を弄するものだ。その秦氏による「吉田証言」の検証は、とても信憑性があるとは言えない。秦氏こそ、彼が吉田氏に当初から投げつけてきた「職業的詐話師」という言葉が、ぴったり当てはまる人物である。その「職業的詐話師」の「研究」に大きく依拠した朝日や赤旗の「検証記事」の信憑性が、ますます問われている。

おわりに

なんとも息苦しい言論空間が続いている。

慰安婦報道での朝日新聞社第三者委員会の報告書が昨年（２０１４年）12月22日に発表された。それは14年8月の検証記事を追認したものだ。「過ちを訂正するなら、謝罪もするべきではないか」という池上彰氏のコラムを朝日が掲載しなかったのはけしからん、といった、吉田証言否定論を当然視した上で、朝日の対応の是非をあれこれ議論しているように見える。「吉田証言は虚偽ではない」とする言論は、権力側の圧倒的な力で押しつぶされたままだ。

しかし、その中で、いくつかの雑誌ではあるが、こうした風潮への反撃の兆しがうかがえる。

私のホームページの「従軍慰安婦・吉田証言否定論を検証するページ」に詳しく紹介し

ているが、『週刊文春臨時増刊』（14年10月3日号）の記事「『朝日』社内で今何が起きているか」や、ビジネス情報誌『エルネオス』14年11月号のレポート「まだ大揺れが続く朝日新聞社　事態収拾ができないあきれた事情」、同12月号の朝日新聞関係者の誌上座談会「元社長に叱責され、やっと退陣が真相『朝日の混乱』お粗末な舞台裏」、『月刊マスコミ市民』14年11月号の田中良太・元毎日新聞記者の論文「戦わないからこそ敗北した朝日新聞——安倍晋三氏との10年戦争を考える」などの一連の告発記事だ。

これらの雑誌記事は、朝日の検証記事が、木村伊量社長（当時）によって、吉田証言を虚偽とするために、強引に部下に書かせたものではという疑念を、さまざまな事実で浮かび上がらせている。木村前社長は「極右」と自称し、自民党幹部と癒着した元政治部記者である。

田中良太論文によれば、安倍晋三氏と木村社長は13年2月7日と同年7月22日の少なくとも2回、料亭などで「夜の会食」をしているという。

『エルネオス』14年12月号の記事は、朝日の8月の検証記事について、デスクでさえも「少しも直させない」ものだったという。編集局内の部長会やデスク会の異論・意見も「寄せ付けない」で、直接的な編集権限のない会社経営幹部の木村社長ら取締役会のメンバーと「すり合わせてつくられた」、「掲載前に木村社長をはじめ関係する取締役が原稿を見て、ゴーサインを下した」ことを暴露している。木村社長ら朝日の経営幹部が、紙面ジャック（乗っ取り）をして検証記事を作ったことになる。

安倍政権と朝日経営幹部の癒着については、14年8月5日付の朝日検証記事の次の記述が、改めて注目される。

いわく、「自民党の安倍晋三総裁が2012年11月の日本記者クラブ主催の党首討論会で『朝日新聞の誤報による吉田清治という詐欺師のような男がつくった本がまるで事実かのように日本中に伝わって問題が大きくなった』と発言。一部の新聞や雑誌が朝日新聞批判を繰り返している」。

前後の解説記事の文章から浮いた意味深な文であり、だから朝日としては吉田証言を取り消したのか、と勘繰れるような文章でもある。当時、不思議に思ったこの検証記事への疑問が、これらの雑誌記事で、徐々に氷解してきたようだ。検証記事は安倍首相に対して、あなたの圧力に屈しましたよと、問わず語りに「告白」している文章ではないのか、ということである。

驚いたことに、朝日の第三者委員会の報告書をよく読むと、この点を、〝正直に〟書いている。

「2012年秋ころ、安倍政権が誕生した場合には、河野談話の見直しや朝日新聞幹部の証人喚問がありうるとの話が聞かれるようになったことも下調べの動機となった。具体的な調査としては、吉田氏の生死・所在の確認、これまでに関与した主な記者に対する聞き取りが行われた。吉田氏が死亡していることが分かり、吉田氏の子息からの聞き取りも実施した。2013年1月ころまでには、一通りの下調べが終わったが、もともと記事にする前提での調査ではなく、証人喚問や、朝日批判に対する回答の準備としての調査であったため、調査内容をファイルにして、国際報道部、政治部、報道・編成局長室などに置いて、一旦終了した」（29頁）

朝日幹部が第二次安倍内閣の成立（12年12月26日）によって、吉田証言問題で国会に証人喚問されることにおびえ、あわてふためき、この検証作業を始めたことを告白している。ちなみに、この「下調べ」とは「2012年5月、当時の編集担当吉田慎一は、当時の国際報道部長の渡辺勉と相談し、吉田証言問題について下調べをすることとした。記事等にすることを前提としない秘密裏の調査ということで、3名の担当者が選定された。それと前後して、6月に社長が秋山から木村となり…」（朝日第三者委員会報告書28頁～）と説明されているような、「秘密裏」の調査である。うまくごまかしているが、社長就任直前の木村氏の「号令」で始めた調査と読めなくもない。

朝日は今回の検証記事について、「14年3月以降」に秘密の検証チームを立ち上げたが、実は12年5月に、それよりもさらに秘密性の高い調査チームを立ち上げ、「調査」をしていた。その調査の最初が、吉田清治氏の生死・所在の確認というのだから、語るに落ちたというべきであろう。

吉田氏は、朝日検証記事によると、2000年7月に死去したという。「(吉田証言の)真偽は確認できない」とした97年3月31日付の朝日の特集記事の結論を、これで変えることができると安堵する朝日幹部の顔が目に浮かぶ。まさに、死人に口なしである。故人となった吉田氏はもう反論をしてこない、名誉棄損として裁判に訴えてくることもない、と思ったのではないか。

朝日第三者委員会報告書は、「(吉田氏が生きていた97年特集の段階で)吉田氏が存命で、その証言を虚偽であるとすると訴訟リスクがある」と指摘する者が、現在の朝日社内に存在することを指摘している(25頁)。こうした憶測が、あながち、的外れだとは思えない。

ごく最近の雑誌記事で特筆すべきなのは、14年12月15日発行の『季刊・戦争責任研究』

14年冬季号の上杉聰氏の巻頭論文「拉致事件としての『慰安婦』問題――『強制連行』問題から撤退した朝日新聞」だ。

上杉氏はこの論文の中で、吉見義明中央大学教授やジャーナリスト・川瀬俊治氏と3人で、93年5月24日に行った吉田清治氏の聞き取り調査（インタビュー取材）のテープ起こしを初めて公表している。

そして、上杉氏は「吉田氏が自らの著書や証言について、いくつかの体験を編集し、脚色したと言っているのであるから、とくに脚色部分や接合部分には誤りも起こるだろうが、構成をなす部分々々には真実の可能性が残されている」と吉田証言を全面否定する朝日検証記事を批判している。

「吉田氏は（朝日検証記事の草稿で書かれていた）『自らの証言の核心を否定』などしていなかった。むしろ、一つ一つの部分には真実があり、それをもとに構成した、と言っているのだ。…僅かに示された朝日新聞記事の草稿を読むかぎり、今回の特集記事全体の趣旨は、おそらく吉田証言を全否定するものになる…右のような『解説』（朝日検証記事の草稿）は、吉田氏の意向を無視するものであり、発言の歪曲にあたる…朝日の特集記事への私の推測は、のちに実際に全体を読んでみると、明瞭に現われていた」「朝日はなぜ（吉田証言を）

『虚偽』とまで言い切ったのか。私は、ここに右派の攻撃におびえる朝日上層部の意向を感じざるを得ない」

吉見義明氏は著書『「従軍慰安婦」をめぐる30のウソと真実』（大月書店、97年）で、「回想には日時や場所を変えた場合もある」と吉田氏が発言したことなどをもって「吉田さんのこの回想は証言としては使えないと確認するしかなかった。…事実として採用するには問題が多すぎる」と書いていた。

朝日の検証記事も赤旗の検証記事も、この吉見氏の著書の「証言としては使えない」というくだりを引用し、研究者による吉田証言否定論を示す有力な証拠の一つにしている。その証拠の一つについて、吉見氏ら研究者グループが見直し作業を始めたことを物語っている。

ところで、赤旗の検証記事では、「河野談話」作成に官房副長官として直接かかわった石原信雄氏がテレビで、「（吉田証言について）眉唾もんだというふうな議論はしていましたね、当時から」と言ったことなども、吉田証言否定の根拠にしている。

その石原氏に私は今年1月23日、ある出版社のパーティーで会った。「河野談話」作成時、吉田氏に直接会ったのかという私の質問に、石原氏は「いえ、私は直接会っていません。吉田氏に会った部下から話を聞いた」と明言した。直接会っていない人について「眉唾もんだ」と否定する話のどこが「注目すべき証言」なのだろう。赤旗の検証記事の強引さの一端が露呈したようだ。

天網恢恢疎にして漏らさず。いまは少数に見える意見も、隠された真実が明らかになるにつれ、いつかは必ず多数になる。その突破口にこの本がなることを期待する。

最後に、いろいろな点で困難が予想されるにもかかわらず、快く出版を引き受けてくださった共栄書房の平田勝社長に、心から感謝したい。また、お名前は出せないが、出版にいたるまで、原稿に目を通し、助言いただいた何人かの友人のみなさんにもお礼を申し上げる。

2015年2月末日

今田　真人

〈資料〉取り消された記事3本など

●印で伏せてあるのは、名前や電話番号、住所などの個人情報

取り消された赤旗日刊紙 92年1月17日付の記事

◎（見出し）どうする宮沢首相　この事実　従軍慰安婦の徴集　在日朝鮮人からも

――軍の要請で地方官庁が命令

●●●［執筆者名］

（写真）15日、ソウルの日本大使館にタマゴを投げつけ、抗議する南朝鮮の人々（ロイター）

（前文）

十五日、南朝鮮を訪れた宮沢首相を迎えたのは、太平洋戦争犠牲者遺族会を中心とした人たちによる抗議の声でした。宮沢首相はじめ日本政府があびている非難の中身は何なのか。以下は、四十八年前に現実に起こった歴史の断面です。

（本文）

国立国会図書館で、『朝鮮人慰安婦と日本人――元下関労報動員部長の手記――』（吉田清治著、新人物往来社一九七七年刊）を読み、本文中つぎの公文書が引用されているのに目を奪われた。

「（県労政発第○号）陸軍○○部隊の要請に基づき左記の通り労務動員を命ず。

昭和十九年四月三日

山口県知事×××

印

山口県労務報国会下関支部長殿

記

一、皇軍慰問・朝鮮人女子挺身隊一〇〇名

一、年令十八才以上三十五才未満。（既婚者にても可、但し妊婦を除く。）
一、身体強健。（医師の身体検査及び花柳病検診を受け診断書を要求）
一、期間一年。（志願により更新することを得）
一、給与一ヶ月金三十円也。支度金として前渡金二十円也。宿舎・食糧・衣服等は現物支給す。
一、派遣月日、昭和十九年四月十日午後一時。
一、集合場所。下関市細江町下関税関前
一、輸送指揮。陸軍〇〇部隊嘱託長谷川勇殿

「労務報国会」とは、当時労働組合が産業報国会に改組吸収されて、ひたすら戦争協力を余儀なくされたように、その一環として国策遂行のために、特に自在性をもつ日雇労働者を徴集し、適時適切に軍や企業に供給調達する。都道府県ごと全国的に組織され、公的機関に支部も置かれていた。

著者の吉田氏の属する下関支部の支部長は下関市警察署長。とかく分散的に存在しがちな日雇労働者の調達には強権発動が伴うケースが多く、警察権力の介入は日常茶飯で、警察署長の支部長兼任は全国的に通例とされていた。

動員部長として直接朝鮮人女性の徴集に中心になって動き回った吉田氏は、「特高警察の力も借りろ」と指示されたと書いている。

◇◇◇

このとき、下関市在住の在日朝鮮人女性は軍部と山口県知事の命令どおりに、ピタリ百人集められ、対馬の陸軍病院での洗濯と飯炊きが仕事の内容とゴマカされて、実は中国南部の海南島に日本陸軍の従軍慰安婦として送りこまれた。

手記によれば、わずか二十円の前渡金を手に毎月三十円の給与を目当てに、朝鮮半島に近い対馬なら将来帰郷に便利と、応募した下関在住の純真無垢（むく）の朝鮮人の娘たちは、待ち構えるあすの悲惨な運命を露知らず、むしろ喜々として二

隻の機帆船に分乗、沖合いの陸軍徴用船に向かったという。

天皇の軍隊と官憲はあくまで狡猾であり、下関から海南島行きと対馬では方向も距離も差がありすぎ、途中事態の発覚をおそれて、別の用件処理のため遠く迂回して行くのだと、娘たちを言いくるめていた。

この手記は、従軍慰安婦問題は、第一に当時娼妓とか酌婦とよばれたいわゆる日本人プロの女性と朝鮮半島からの八万人とも十万人ともいわれる朝鮮人女性に加えて、在日朝鮮人女性も多数徴集されていたこと、第二に、旧日本軍の要請に基づき地方官庁が関与どころか主役となって命令し、警察権力もふくめて、公的機関が直接手を下していた事実を明らかにしている。

◇◇◇

吉田氏は他の手記で、当時日本支配下の南朝鮮済州島で、やはり軍や朝鮮総督府の命令で、従軍慰安婦として朝鮮人子女二百五名を一週間以内に狩り集めたことも告白している。

吉田氏は、この本『朝鮮人慰安婦と日本人』のあとがきで、「朝鮮民族に、私の非人間的な心と行為を恥じて、謹んで謝罪します。吉田清治」と明記して、加害者として責任を自覚、ひたすら痛恨の前非を悔いている。

（現代史研究者）

取り消された赤旗日曜版 92年1月26日号の記事

◎（見出し）衝撃の証言　軍の命令で私が狩り集めた　死ぬまで語り続ける

（写真１）吉田清治さん　78歳　元山口県労務報国会下関支部動員部長

（写真２）麻生氏が軍命令で慰安婦の身体検査をした上海の小学校

（写真3）上海の陸軍慰安所。入り口に軍司令部名の規定が掲げられ、陸軍軍人、軍属以外使用できないとある

（本文）

私がやったことは、まさに奴隷狩りでした。

昭和十六年（一九四一年）を境に慰安所は、軍が直接設立し運営しました。これは極秘事項だったんですが、太平洋戦争に突入し、中国での戦争が拡大、東南アジアにも戦線が広がるにつれ、慰安婦が不足してきたからです。

当時動員部長の私は、強制労働させる朝鮮人男性を多数連行していました。そこへ、日本陸軍の西部軍司令部から、山口県労務報国会の会長を兼任していた県知事を通じて、私あてに女子も二十人、三十人集めろと命令がきました。

私は、部下を十人くらい連れ、朝鮮半島に渡りました。現地の朝鮮人巡査を五十人くらい協力させ、現地の警察の護送車十台くらいで百から二百戸くらいの部落を回りました。

巡査たちが剣で部落を包囲し、部落民を一人残らず広場に連れだします。その中から、日本兵士の性的な対象となるような女を片っ端からトラックに詰め込むのです。

まるで大地震が起こったときのようなパニック状態です。対象となる女は、たいてい子どもがいました。私の部下は子どもを突き飛ばして、母親をトラックに入れようとする。すると子どもは命がけで母親に取りすがろうとする。それを突き飛ばし、半狂乱になった母親を引きずってトラックに押し込みました。

奴隷狩りして集めた女たちを現地の警察の留置所に入れ、三十、五十人集まったら列車で釜山までいき関釜連絡船で下関に運びました。

女たちは、前線からやってきた軍属に引き渡され、シンガポール、マニラなどにいって、そこからさらに各地の前線の慰安所に送られていったん

です。

昭和十八、十九年の二年間ですが、私が直接指揮をして連行した従軍慰安婦の数は、千人以上にのぼります。

ナチスドイツですら、占領地の女性を兵隊の性の対象としては連行しなかった、そんな制度は作らなかったんです。日本軍の行為は、ナチスドイツがユダヤ人をガス室で虐殺したのと同じくらいの二十世紀最悪の国家の戦争犯罪です。

当時母親を慰安婦にさせられたことを知った子どもたちは、おとなになったいま口に出せない日本への恨みを抱きつづけています。

だから私が証言しなければいけないんです。このことを話しているのは私一人です。私は戦争犯罪人、強制連行の事実を話し続けることが唯一の謝罪行為だと思います。私は死ぬまで話し続けます。

赤旗日刊紙　93年10月14日付の記事

◎（見出し）「挺身隊国際援護会」が医療費基金を設立

（本文）

南朝鮮・済州島での「慰安婦狩り」の加害体験を証言したことで有名な、戦前の元・下関労務報国会動員部長の吉田清治さん（七九）らのグループ「挺身隊（ていしんたい）国際援護会」は十三日までに、南朝鮮の元従軍慰安婦一人ひとりに直接月一万円の医療費を渡そうという運動を始めました。

この「援護会」は、吉田さんら戦中に慰安婦の強制連行をおこなった元労務報国会のメンバーを中心につくったもの。

「援護会」代表者の吉田さんは「軍国主義を告発し、日本政府による戦後補償を実現させる運動の一環として、補償が実施されるまで継続したい。高齢で病気がちの元慰安婦の人たちが亡くなってしまわないうちに、私たち日本人の誠意を伝えたい」と話しています。

　基金は、「援護会」メンバーの貯金や国民の任意の寄付でつくり、寄付金すべてを元慰安婦に渡すといいます。

　吉田さんは、寄付で一定のお金が集まった段階で来月にも南朝鮮を謝罪訪問し、元慰安婦に直接、手渡すとしています。〈寄付の送り先〉〈郵便振込の口座番号〉東京●●●●●●●〈加入者名〉「挺身隊国際援護会」まで。一口一万円、何口でも可。

　〈問い合わせ先〉〒●●●●●、●●●●●●●●●●●●●●●●●●●●、「挺身隊国際援護会」まで手紙で。

取り消された赤旗日刊紙93年11月14日付の記事

◎（見出し）国家の力で「慰安婦狩り」　全羅道（南朝鮮）での実態リアルに　部落急襲　日本人警官が指揮

　――元山口県労務報国会下関支部動員部長　新証言

（地図）［朝鮮半島の全羅北道と全羅南道の位置を示すもの］

（写真）吉田清治さん

（前文）

　戦前おこなわれた「慰安婦狩り」の加害者側からの証言者、元山口県労務報国会下関支部動員部長の吉田清治さん（八〇）が、元従軍慰安婦への国家補償を細川内閣がいまだに実現しないことに怒り、新たな証言を本紙に寄せました。この証言は、戦前の天皇制軍国主義による「慰安婦狩り」の残酷さと日本国家の責任の重大さをあらためて示しています。

（本文）

吉田さんが動員部長として一九四三年から四五年の間に慰安婦として強制連行した朝鮮人女性の総数は「かつての部下と記憶をたどった結果、最低で九百五十人、多い記憶によると三千人に及ぶ」といいます。

吉田さんは、済州島での「慰安婦狩り」については、著書『私の戦争犯罪』ですでに明らかにしていますが、今回、吉田さんの場合、一番多かったという全羅道（全羅北道と全羅南道）での「慰安婦狩り」の実態を初めて証言しました。

女性だけを対象におこなった済州島と違い、全羅道では「田舎の、へき地の農村から、男を徴用で強制連行するついでに、やはり軍（西部軍司令部）の動員命令によって女も一緒に強制連行した」のが特徴。

そのリアルな証言部分を一部、そのまま紹介すると――。

◇

私たちは、小さな部落を部落単位で急襲しました。日本人警察官が朝鮮人巡査を指揮して「男も女も一人残らず全部、外へでろ」と村民に命令しました。

みんな抵抗し、逃げ回る。わめく。村中、パニックになる。

広場に百人、多いところで二、三百人を集め、私たち十人ばかりの徴用隊（労務報国会動員部）がその中から、徴用の男とともに、慰安婦に使えそうな女を体と顔と年かっこうとをみて連れていきます。腹をさわって妊娠しているかどうかを判別する部下もいました。

片っ端から「オイ」と声をかけ、巡査に命じて、はがいじめにし、突き飛ばし、そして警察のトラックに放り込む、そういうやり方でした。

つかえそうな女はたいてい、赤ん坊を抱いている、それがこっちもいやでした。「しかたない」。部下たちは赤ん坊を取りあげて、そこいらの年寄りのばあさんにまるでフットボールのように無造作に渡しました。

いま、ふりかえると、それはすさまじいものですよ。

それが、一九四二年以降、日本がアジア全域を占領したときの、労務者不足と慰安婦不足に対処するための強制連行の実態であり、奴隷狩り中の奴隷狩りでした。…

吉田さんによると、「慰安婦狩り」が日本の国家権力によっておこなわれたという証拠は、これだけではありません。数時間に及んだ証言を要約すると、さらに次の二点がありました。

一つは運搬上の問題。当時、慰安婦用の朝鮮人女性を、特高警察などの監視の中で、キップを買って列車で朝鮮の釜山に運び、関釜連絡船で下関まで連れてくるには、軍の命令書という正式の業務証明書がなければ、不可能であったと指摘します。

もう一つは、その間の食糧の問題。厳重な食糧統制があった当時の朝鮮半島では、国家の許可証がなければ、その女性たちにコメを食べさせることもできず、下関までの数日間の行程を生きたまま連行することはできなかったといいます。

「狩りだすときから国家そのものの力でした」というのが吉田さんの結論です。

吉田さんは最近、「戦時中の日本軍国主義の告発に、残った命をかける」と、かつての部下らと「挺身隊国際援護会」（連絡先☎●●●●●●●●●●●●）を結成。隠された侵略の歴史の暴露や、元慰安婦への国家補償実現と国家補償実現までの医療費援助基金設置などの活動を始めています。

今田真人（いまだ・まさと）

1955年、広島市生まれ。名古屋大学文学部史学科（西洋史専攻）卒業。1980年4月から2011年5月末まで赤旗記者。テレビラジオ部、政経部、中四国総局、社会部、経済部、日曜版など各部の記者を歴任。55歳で退職後、フリーの経済ジャーナリストになる。著書に『円高と円安の経済学——産業空洞化の隠された原因に迫る』（かもがわ出版、2012年）。

緊急出版・吉田証言は生きている
——慰安婦狩りを命がけで告発！　初公開の赤旗インタビュー

2015年4月10日　初版第1刷発行

著者 ——— 今田真人
発行者 —— 平田　勝
発行 ——— 共栄書房
〒101-0065　東京都千代田区西神田2-5-11 出版輸送ビル2F
電話　03-3234-6948
FAX　03-3239-8272
E-mail　master@kyoeishobo.net
URL　http://kyoeisyobo.net
振替　00130-4-118277
装幀 ——— 黒瀬章夫（ナカグログラフ）
印刷・製本 — 中央精版印刷株式会社

ISBN978-4-7634-1063-4　C0036